Reinhold Albert

Mama Afrika lächelt

Dieses Buch ist gewidmet

meinen Eltern Rita und Konrad Albert,
meinen Söhnen Dominik und Luca,
Mama Bi Kidude,
Sepp Kuffer, Freund und Ratgeber,
der maßgeblich an der technischen Realisation
in Wort und Bild beteiligt war.

Uns alle vereint ein Lächeln:

Meine Lektoren Aynalem Rufo (Amharisch)
und Beppo Stühler (Deutsch)

Meine Internet Betreuer
Hashil in Sansibar,
Oesi in Deutschland und
Marion Luff, Digitalisierung der Texte

Baba Tatu Band, Sansibar,
Henok Semru, Organisator in Äthiopien
und meine vielen Freunde
die mich immer wieder ermutigen
und mir Kraft geben.

Reinhold Albert

Mama Afrika lächelt

Wir verstehen uns ...

... eine Reise voller Erfahrungen, die mir einen neuen Weg weisen ...

Bibliographische Information der Deutschen Bibliothek:
Die Deutsche Bibliothek verzeichnet diese Publikation in der Deutschen
Nationalbibliographie; detaillierte bibliographische Daten sind im Internet
unter < http://dnb.ddb.de> abrufbar.

© 2011 Reinhold Albert

Herstellung und Verlag: Books on Demand GmbH, Norderstedt
Umschlaggestaltung, Satz und Layout: Sepp Kuffer
Titelbild, Fotos und Grafiken: Reinhold Albert

ISBN 9783842377578

Inhalt

Vorwort

Afrika wird mich wieder verändern, das war mir klar, als ich mich auf die Reise begab. Es war meine fünfte Reise, die mich nach Sansibar und nach Äthiopien führte, mit drei Monaten und acht Tagen der kürzeste Aufenthalt auf dem afrikanischen Kontinent. Insgesamt verbrachte ich mehr als drei Jahre dort. Die immer selbst organisierten Reisen haben mir einen unglaublichen Schatz an Erfahrungen beschert. Erst diesmal kam mir das so richtig zu Bewusstsein.

Dieses Wissen werde ich künftig nutzen um Menschen zu helfen, ein besseres Leben führen zu können. Dieser Entschluss ist in Äthiopien gefallen. Ich sehe in diesem Land ein Potential, das es zu entwickeln gilt, als Vorbild für andere afrikanische Staaten. Dieses Buch möge dazu dienen, ein besseres Verständnis für den „schwarzen Kontinent" zu erreichen, die Angst vor dem „Fremden" abzubauen, aufeinander zuzugehen und einander die Hände zu reichen. In wirklicher Hilfe zur Selbsthilfe. Möge Gott mir helfen, diese Veränderung in meinem Leben umsetzen zu können und den Glauben an eine bessere Welt niemals zu verlieren.

Afrika hat mich verändert, ein Lächeln ist in meine Seele gedrungen, eine neue Kraft im Inneren macht mich stark – und ich möchte voller Zuversicht an einem Ziel arbeiten, für das es sich lohnt, seine Energie dorthin zu lenken:
Not und Elend zu besiegen,
für „das Lächeln aus Afrika."

Asante mungu – ich danke Gott für die Erkenntnisse und für den Weg, den ich gehen darf.

Die ersten Tage in Afrika

Sansibar, Stonetown, im Februar 2011

Meine Reise führte mich von meinem Heimatort Zeil in Unterfranken mit dem Zug zunächst nach Frankfurt, was eine äußerst angenehme Art der Fortbewegung ist. Erste, interessante Begegnungen hatte ich bereits im Bordbistro des ICE von Würzburg zum Frankfurter Flughafen. Dort reihte ich mich in die lange Schlange der Gepäckaufgabe der Ethiopian Airlines ein. Die Wartezeit war dann doch kürzer als erwartet und die Kenntnis einiger Worte *Amharisch*, welche ich von meinen äthiopischen Freunden gelernt hatte, schenkten mir die ersten lächelnden Menschen aus Afrika.

Flug ET 707 startete pünktlich um 22 Uhr 40 Mitteleuropäische Zeit. Ich hatte den Fensterplatz in der Reihe 11, gleich hinter der Businessklasse, was den Vorteil der größeren Beinfreiheit hatte, da diese Reihe mit hängenden Kinderbetten ausgestattet werden konnte. Neben mir saß eine äthiopische Mutter mit einem zehn Monate jungen und unglaublich strahlenden Sohn namens David. Wir schlossen auf den ersten Blick hin Freundschaft. David fand sogleich großen Gefallen an meinem Haaren und meiner Nase. Die Mutter, in München lebend, freute sich, neben einem Kinder liebenden Mann zu sitzen. So teilten wir uns die Aufgabe, David während des Fluges zu beschäftigen, wenn er nicht gerade eingeschlafen war. David war ein aufgeweckter und ständig strahlender Wonnebrocken und er schien, wie viele Kinder dieses Alters, kaum müde zu werden.

Wir flogen in den Sonnenaufgang und Äthiopien tauchte langsam, erst rot, dann golden glänzend aus dem Dunkel der Nacht auf. David war so begeistert wie ich – wir genossen beide unseren Fensterplatz. Afrika begrüßte mich mit einem Kind auf dem Schoß und den Silhouetten des äthiopischen

Hochlandes. *Tämesgen* – ich danke Gott. Die netten Stewardessen versorgten mich während des ruhigen Fluges mit ausreichend Bier. Meine Gitarre fand ihren Platz auf einem leeren Sitz in der Business class und wurde sorgfältig angeschnallt, was mir persönlich gezeigt wurde, damit ich mir keine Sorgen mache. *„Amesegenalehu, ndamena"* entlockte dem Bordsteward ein breites Grinsen. Ich bedankte mich auf *amharisch* und schickte noch ein *„Tämesgen"* hinterher, woraufhin er sich bei mir herzlich bedankte. Nach der sauberen Landung auf dem Flugplatz von Addis Abeba gab es zunächst ein paar Minuten Wartezeit, weil die Rolltreppe, eine abenteuerliche Konstruktion auf einem Mercedes-608-Grundgestell, nicht so recht vorwärts kam und ständige Startversuche meist nur in gewaltigen Qualmwolken endeten. Ein Schauspiel, welches David und mich sehr amüsierte.

Ich war wieder in Afrika – und eines habe ich hier genügend gelernt: Geduld zu haben. Schließlich gelang es der Bodenmannschaft, die Treppe zum Flugzeug zu bugsieren, und außen wie innen waren alle sichtlich erleichtert. Nach der herzlichen Verabschiedung von den hübschen Stewardessen ging es die Treppe hinab. Ich betrat das erste Mal äthiopischen Boden – die Heimat meiner Schwester Aynalem und meines Bruders Henok, welche ich vor 22 Jahren in Haßfurt kennen gelernt habe. Mama Afrika hatte mich wieder – nach elf Jahren! Die Verabschiedung von David und seiner Mutter fiel mir schwer. Wehmütig schauten wir uns hinterher – ein zappelnder und lächelnder kleiner Junge – eine Ankunft und ein Abschied.

Mein Weg führte mich via Bus in das Transfergebäude des Flugplatzes und zum ersten äthiopischen Bier. Zwar früh am Morgen, aber das musste so sein. Ein US-Dollar war auch ein überraschend günstiger Preis. Auch hier entlockten meine wenigen Worte *amharisch* der netten Bedienung ein herzliches Lachen. In den zwei Stunden Wartezeit lernte ich Hubert aus Karlsruhe kennen, der mich sogleich fragte, ob ich zum Musikfestival unterwegs sei: *Sauti za Busara* – das größte Festival Ostafrikas – und das in Sansibar.

Eine Fügung des Himmels! Fünf Tage lang Musik aus allen Teilen Afrikas – ich war voller freudiger Erwartung. Hubert war letztes Jahr schon hier gewesen und konnte mir sogleich äußerst nützliche Tipps zur Unterkunft geben. So kam bereits ich im Transfergebäude von Addis Abeba zu meinem späteren „Guesthouse Flamingo." Doch zunächst hatte ich noch den Flug nach Dar Es Salam vor mir. Nach einem kurzen Zwischenstopp dort ging es dann weiter nach Sansibar. Der Pilot flog auf einer Höhe von schätzungsweise 5000 Meter den Flugplatz von Sansibar an, die Flugzeit war nur 30 Minuten, da lohnt sich der Aufstieg in 10000 m Höhe nicht. Eine wiederum perfekte Landung brachte mich auf den Boden der größten Insel Sansibars: *Unguja*.

Am Flugplatz tauschte ich Geld für das Visum, welches in US-Dollar zu bezahlen war. Und meine Erstausstattung in Tansania–Schilling. 2000 Schilling, das ist etwa ein Euro. Hier ist man schnell Millionär! Um 15 Uhr 30 Ortszeit verließ ich den Flugplatz via Taxi nach Stonetown, der historischen Altstadt von Sansibar. Meine Swahili-Kenntnisse bescherten mir gleich den Preis, den die Einheimischen bezahlen und der nur die Hälfte des zuerst geforderten Preises war. „*Nataka bei sana, ndugu yangu*" – Ich will einen guten Preis, mein Bruder – ist hier äußerst hilfreich und spart meist die Hälfte! Der Taxifahrer brachte mich so nahe wie möglich an das „Guesthouse Flamingo" heran, da die Altstadt von Sansibar mit PKW aufgrund der Enge der Gassen nicht befahrbar ist. Es erinnerte mich an die Altstadt von

Antalya in der Türkei, die mich auch auf Anhieb fasziniert hatte. Nach 25 Stunden Reisezeit war ich am „Guesthouse Flamingo" angekommen, müde und froh, endlich da zu sein. An der Rezeption wies man mir den „Room number zero on top of the Guesthouse" zu. Noch niemals zuvor war ich im Zimmer „Null" einer Herberge untergebracht – aber müde von der Reise war mir das erst einmal egal. Für eine Nacht wird es auf jeden Fall taugen. Aber „Room No. 0" war ein echter Glückstreffer, sozusagen das Penthouse vom Flamingo. Klein, aber fein, mit eigener Toilette und Dusche und völlig intaktem Moskitonetz. Mit Dachterrasse von fast 100 Quadratmetern, auf der jeden Tag das Frühstück für alle Gäste serviert wird. Von sieben bis halb zehn morgens gibt es jeden Tag wahlweise Omelett oder Rührei, Kaffee oder Tee, Brot, Marmelade, Butter und eine Schale mit täglich wechselnden Fruchtvariationen. Und das für neun Euro pro Tag. Eine traumhafte Aussicht über den Dächern von Stonetown.

So richtig bewusst wurde mir das erst am darauf folgenden Tag, da ich mich kurz nach meiner Ankunft erst einmal auf die Suche nach einheimischem Bier begab. Im Kühlschrank der Herberge durften keine alkoholischen Getränke aufbewahrt werden, weil in muslimischer Hand, also machte ich mich auf den Weg zu den Hotels am Strand – circa fünf Minuten entfernt von meiner Unterkunft. Noch müde von der Reise, aber dennoch voller neuer Eindrücke und überreizt, hatte ich nach dem Genuss von drei „Safari-Lager" die nötige Bettschwere erreicht und fand den Weg zurück zum Room No. 0!

Richtig gut ausgeschlafen genoss ich am nächsten Tag mein erstes Frühstück und lernte sogleich alle Bewohner des Guesthouse kennen. Der Platz der Kommunikation war sozusagen vor meiner Zimmertür. Ich war fasziniert: Das war der richtige Platz für mich! Gesprächsthema Nummer eins war das kommende Musikfestival Ostafrikas „*Sauti sa Busara*," „Stimme der Weisheit"! Weil ich mit meiner Gitarre unterwegs war, schloss jeder daraus, dass dies auch der Grund meines hiesigen Aufenthaltes sein musste. Das Schicksal hatte mich zur richtigen Zeit an den richtigen Ort gelenkt. Keine Frage – dieses Fest der Musik konnte ich mir nicht entgehen lassen. Und es sollte das schönste werden, welches ich je erlebt habe. Ein junger Bediensteter des Guesthouse, Schüler an der Musikakademie von Sansibar, beschrieb mir den Weg zu seiner „Schule der Musik" und gab mir die Namen seiner zwei Lehrer.

Ich machte mich sogleich auf, um erste Kontakte zur örtlichen Musikszene zu knüpfen. Mein Weg führte durch die engen Gassen von Stonetown zu einem großen, alten Gebäude am Strand in der Nähe des Hafens von Sansibar. „*Mimi na mwana musici ujerumani*" – „Ich bin ein Bewahrer der Musik aus Deutschland" öffnete mir sogleich alle Türen. Hassan, dessen Namen ich im Flamingo genannt bekommen hatte, zeigte mir bereitwillig die Räumlichkeiten und stellte mich seinen Musikerkollegen vor. Die Band „*Swahili Encounters*" hatte gerade Probe. Zum ersten Mal hatte ich die Gelegenheit, *Taarab Musik*, die typische Musikrichtung Sansibars kennen zu lernen.

Man bereitete sich auf das kommende Festival vor. Ich war begeistert! Eine völlig andere Instrumentierung und Darbietungsweise als alles, was ich bereits aus Afrika kannte. Eine Auswahl von Lehrern und erfahrenen Studenten wurde vom Direktor persönlich geleitet. Adil Dabo ist ein immer breit grinsender, sehr sympathischer Mann von schätzungsweise 65 Jahren. Hassan stellte mich ihm in einer Pause vor und ich machte ihm den Vorschlag, die nächste Probe mit meinem mobilen Aufnahmegerät aufzunehmen und ihm die Aufnahmen zur Verfügung zu stellen. Er war sofort begeistert. Der Grundstein für eine Zusammenarbeit und eine beginnende Freundschaft war gelegt. Ich sollte Zeuge eines Projektes der Akademie mit einer Auswahl von Musikern aus Senegal in Westafrika werden. Von nun an war ich fast täglich an der Akademie, machte Aufnahmen und lernte viele Musiker kennen. Adil war fasziniert von der Qualität der aufgenommenen Stücke. Nach anfänglichen Schwierigkeiten mit der musikalischen Datenübertragung auf seinen Computer schafften wir es dennoch dank meiner mitgebrachten ausführlichen Bedienungsanleitung. Wir waren beide stolz, denn er war in dieser neuartigen Computerwelt genauso wenig bewandert wie ich.

Neben meinen Aktivitäten an der Akademie erkundete ich täglich mehr und mehr die Altstadt und die Umgebung der Stadt Sansibar. Jeden Tag lief ich zehn bis fünfzehn Kilometer ohne noch ein einziges Taxi oder einen *Dala Dala*, den ortsüblichen Kleinbus zu nutzen. So konnte ich mich auch sehr schnell akklimatisieren und mich körperlich als auch sprachlich fit halten. Oft hielten Taxis an, da es ungewöhnlich ist, dass ein Weißer weite Strecken läuft. „*Mimi na Taxi wasungu mbili nzuri sana*" – „Ich habe zwei weiße Taxis, die sehr gut sind," sagte ich und deutete auf meine Füße. Ich erntete immer ein Lachen. Mittlerweile kannten mich schon viele Taxifahrer, grüßten mich und grinsten. Es hatte sich herumgesprochen unter den Fahrern! Irgendwann kaufte ich gebatikten Stoff und ließ mir zwei Anzüge nähen, schön weit und luftig, die ideale Kleidung für hiesige Klimaverhältnisse. Tagsüber hatte es 30 – 35 Grad Celsius, manchmal auch 40 Grad, nachts sank die Temperatur auf 26 – 28 Grad. Ein dünnes Laken zum Zudecken reichte völlig aus. Mein Penthouse war immer schön durchlüftet und ich verzichtete sogar auf den Komfort meines Ventilators. Ich schlief immer ohne Moskitonetz, da weit weniger Moskitos unterwegs waren als ich befürchtet hatte. Ich fühlte mich unglaublich wohl.

Meine Erkundungen bescherten mir auch einige Stammkneipen, zu deren Personal ich guten Kontakt gewann. Mein Lieblingsplatz wurde das „Livingstone," ein Restaurant direkt am Strand, daneben der Anlandeplatz der Cargo-Fähren nach Dar Es Salam. Täglich ist hier eine Show zu sehen, die unbezahlbar ist. Das ist Afrika! Die Fähren werden über den Sandstrand hinweg mit Waren, Personenwagen und Lastwagen beladen. Die donnern mit Anlauf über den Strand hinweg auf die steile Stahlrampe der Fähre zu, bleiben aber oft stecken und arbeiten sich mit Schaukeln und Graben und Schieben und mit allen Mitteln, letztendlich oft mit qualmenden Reifen über die steile Rampe der Fähre Zentimeterweise nach oben auf die Ladefläche. Viele Menschen, Einheimische wie Touristen, wohnen diesem Schauspiel unter johlendem Applaus bei, vor allem wenn ein besonders schwieriger Fall gelöst wurde. Manche Stoßstangen und

Autoteile werden dann per Hand dem Fahrzeug hinterher getragen. Afrika pur! Keine Show kann besser sein, als dieses, sich jeden Tag in einer anderen Form wiederholende Schauspiel.

Dienstagabend ab zehn Uhr ist im Livingstone Disco angesagt und freitags spielt meist die Coconut Band. Man trifft hier viele Leute – es wird nie langweilig, im Hintergrund das tägliche einmalige Schauspiel des Be- und Entladens.

Mama Bi Kidude

Am siebten Tag meiner Wanderungen durch die Straßen und Gassen von Sansibar kam ich an einem Haus vorbei und erkannte in einem Hauseingang einen Schüler der Musikschule wieder. Wir begrüßten uns, er öffnete die Tür und ich traf auf einen kleinen Kreis, der beisammen saß. Mit allen Swahili-Formalitäten grüßte ich zunächst die älteste Frau der Gemeinschaft, dann alle anderen. Die alte, fröhlich lachende Frau faszinierte mich auf Anhieb. Sie erinnerte mich an meine Mutter. Ihre Augen strahlten sanft, schienen voller Weisheit. Sie lächelte mich immerzu an, fragte mich, wo ich denn Swahili gelernt hätte. Ich antwortete ihr, dass ich vor 20 Jahren einige Monate in Kenia auf Reisen war, und dort von den Einheimischen die Sprache erlernt habe, um ihnen meinen Respekt vor ihrer Kultur auszudrücken. Und jetzt lernte ich hier weiter und zwar *„haraka haraka haina Baraka!"* – ein altes Sprichwort in Swahili, über das alle im Kreis lachen mussten und das so viel heißt wie „langsam, langsam, weil schnell, schnell keinen Sinn macht." Auch die alte Dame war sichtlich amüsiert, dass ich dieses schon in Vergessenheit geratene Sprichwort kannte. Sie klatschte lachend in ihre Hände und auf ihre Oberschenkel.
Dann fragte sie mich, ob ich sie mit nach Deutschland nehmen würde. „Ich würde dies gerne tun, aber in Deutschland ist es kalt, nicht nur die Temperaturen draußen in der Natur, sondern auch die Herzen vieler Menschen. Du bist für mich Mama Afrika und dein Lächeln ist wie die Sonne, ich sehe, dass du umgeben bist von Menschen, die dich achten und ehren, die gemeinsam mit dir lachen. Dein Platz ist besser in Afrika, sonst fehlt hier die Sonne. Afrika und ich, die Kinder Afrikas brauchen dich und dein Lächeln, Mama Afrika."
Sie lächelte mich lange an, unser beider Lächeln vereinte sich. Es herrschte Stille. Wieder sah ich in ihren Augen meine Mutter, als wäre ihr Lächeln bei uns. Ehrfürchtiges

Schweigen lag in der kleinen Runde. Nach einiger Zeit brach sie das Schweigen und sagte: „ Ich kenne Europa, viele Länder in Europa." Sie lachte wieder und mit ihr lachte die ganze Runde. Dann zählte sie Länder Europas auf, wiegte sich dabei hin und her und vor und zurück. Nach jedem Land lachte sie und alle lachten mit und wir alle amüsierten uns prächtig.

Verwundert darüber, dass diese alte Frau so viele Länder kennt, musste ich an meine Mutter denken. Als ihre Alters-Demenz begonnen hatte, fing sie an, abenteuerliche Geschichten zu erzählen. Auch da haben wir viel gelacht.

Plötzlich kam mir der Gedanke, dieser Frau mein letztes Stück Brot zu bringen. Ein Viertel von meinem heimatlichen Gewürzlaib hatte ich noch und nach sieben Tagen konnte man das fränkische Landbrot durchaus noch essen. Ich bat darum, ihr etwas bringen zu dürfen, ich wäre in einer halben Stunde wieder hier. Und ob sie dann noch wach sei? *"Akuna matata,"* kein Problem, antwortete sie. „Ich bleibe wach, ich bin hier, und schlafen werde ich noch lange genug!" Wieder lachten alle und mit dem Lachen in mir machte ich mich auf den Weg. Die ganze Zeit hatte ich eine wohlige Wärme um mein Herz und musste immerzu an meine Mutter denken. Es wird ihr jetzt gefallen, da war ich mir sicher. Strammen Schrittes lief ich zum Guesthouse, holte das Brot und kehrte in ebenso beschleunigter Gangart zurück zum Haus. Der junge Mann erwartete mich an der Tür und ließ mich hinein. Ich ging zu der alten Frau, verbeugte mich vor ihr und reichte ihr das Brot mit den Worten: „*Mkate ujerumani awewe na watoto yangu, Mama Afrika*!" Brot aus Deutschland für dich und deine Kinder, Mama Afrika. Sie sah mich an, lächelte, nahm das Brot und reichte es an die junge Frau neben ihr weiter. Dann nahm sie meine Hän-

de, hielt sie fest, sah mir in die Augen, voller Sanftheit und Reinheit im Blick, wieder sah ich in die Augen meiner Mutter. Dann küsste sie meine Hände. Es war still. Tränen flossen mir über die Wangen. Ich kniete vor ihr nieder. Eine tiefe Ehrfurcht erfüllte mich. Es war still, und ich habe geweint. Ich senkte mein Haupt, meine Tränen tropften auf ihren Schoß. Sie streichelte über meinen Kopf und sagte: „Deine Mutter hat gute Kinder geboren. Du bist ein Mann der Weisheit." Noch einige Zeit herrschte Stille im Raum. Langsam erhob ich mich. Sie sah mich an, lächelte und bedankte sich bei mir für das Brot aus Deutschland. Es dauerte eine Weile bis ich mich bei ihr bedanken konnte. Es war immer noch still in der Runde. Dann verabschiedete ich mich mit den Worten „*kwaheri ya Guyanana*" zuerst bei ihr, dann bei allen anderen. „Auf Wiedersehen wenn Gott will."
Wortlos nahm mich der junge Mann an die Hand und führte mich um eine Ecke des Raumes und deutete auf ein Plakat: *Mama Bi Kidude*! Ihr Portrait prangte auf einem großen Veranstaltungsplakat! Ich rang mit meiner Fassung. Ich bin der lebenden Legende Afrikas begegnet! Viel habe ich von ihr gehört, aber noch nie ein Bild gesehen! Der junge Mann lächelte und nickte mit dem Kopf. Es dauerte einige Zeit bis ich mich wieder fassen konnte. Um die Ecke wurde mittlerweile das Brot aus Deutschland interessiert begutachtet und herumgereicht. Ich trat nochmals in die Runde und verabschiedete mich nochmals mit denselben Worten von ihr und allen anderen. Ich konnte keine anderen Worte mehr finden und es gab auch keine passendere als diese: „*Kwaheri ya Guyanana.*" *Mama Bi Kidude* lächelte, erhob ihre gefalteten Hände, ich faltete meine Hände und verbeugte mich vor ihr zum Abschied. Der junge Mann geleitete mich zur Tür und entließ mich jetzt breit grinsend in die Nacht.
Ich kann es nicht in Worte fassen, was in dieser Nacht in mir vorging. Ich lief und lief, durch die Gassen von Sansi-

bar, zum Meer, ich lief am Strand entlang, das sanfte Plätschern der Wellen begleitete mich. Ich lief zurück zum Flamingo und schrieb in einem Brief, was geschehen war am siebten Tag meiner Reise. *Asante mungu*. Ich danke Gott. *Mama Bi Kidude* ging mir nicht mehr aus dem Sinn. Der Sonnenaufgang war wunderschön, ich war immer noch aufgewühlt und erschöpft zugleich. Um sieben Uhr gab es Frühstück, mein Brief war geschrieben. Dann legte ich mich für einige Stunden zu Bett.

Schon an diesem Abend sollte ich sie wieder treffen – als Überraschungsgast im Culture Club, einem traditionellen Kulturverein für Taarab-Musik. Sie war umringt von zwei Kamerateams und sang im Rahmen der Veranstaltung ein Lied, begleitet von einem traditionellem Orchester und einem Chor. Sie erkannte mich im Publikum wieder und lächelte mir zu. Ich glaube, ihr hat es sehr gefallen, dass ich sie am Vortag nicht erkannt habe, weil es kaum jemanden hier gibt, der sie nicht kennt. Sie muss eher geschützt werden vor dem großen Medienrummel, der sie umgibt. Der Star auf dem Ostafrika-Festival war *Mama Bi Kidude* und alle warteten darauf, die älteste Sängerin Afrikas zu sehen und zu hören. Niemand weiß genau, wie alt sie ist. Auf jeden Fall weit über 90, vielleicht sogar 100 Jahre alt. Sagenumwoben ist sie in jedem Fall. Die Zeit, welche ich mit ihr zusammen sein durfte, ist ein Segen, der mich mein Leben lang begleiten wird, ein Schatz in meinem Herzen, den ich immer mit mir tragen werde. So wie der Geist meiner Mutter immer in mir sein wird.

Das Musikfestival

Jeder erwartete gespannt den morgigen Tag: der Beginn des *Sauti za Busara* vom neunten bis dreizehnten Februar 2011. Das größte Musikfestival Ostafrikas. Alle Herbergen und Hotels waren schon weit vorher ausgebucht, da hatte ich richtig Glück mit meinem „Room No. 0," und bezahlte natürlich gleich Im Voraus bis zum 15. des Monats. Dann war er da, der Mittwoch, neunter Februar 2011. Und alles begann mit Pauken und Trompeten: Ein Sturm zog über Sansibar hinweg mit heftigem Regen und gewaltigen Sturmböen. Zahlreiche Blechdächer flogen durch die Luft, vor der Küste sanken einige Ausflugsboote, große Fähren rissen sich vom Anker und kollidierten auf See. Ich konnte die Herberge nicht verlassen, der Strom in Sansibar fiel aus, jedermann war sich sicher: das war's für heute mit Festival. Gegen Abend beruhigte sich die Lage, der Regen hörte auf und es war fast windstill. Die Stadt lag im Dunkeln, jedoch Sansibar ist gerüstet! Nach und nach blitzten die Lichter der Hotels und von Geschäften wieder auf. Generatoren brummten an nahezu jeder Straßenecke und in vielen Gassen. Im vorigen Jahr hatte Sansibar drei Monate lang keine Elektrizität, erzählte man mir. Das Seekabel war alt und brüchig geworden und gab seinen Dienst bei einem Sturm auf. Ein neues musste verlegt werden. Und das dauert eben seine Zeit. Wer konnte, kaufte sich einen Billig-Generator aus China. Und heute brummten sie wieder: Stromerzeuger an allen Ecken und Enden.
Mit zweistündiger Verzögerung begann, was alle nicht mehr für möglich gehalten haben: *Sauti za Busara* 2011. Die Organisatoren waren gerüstet mit großen Generatoren, man kannte das Problem aus dem Vorjahr. Bühne und Anlage konnten geschützt werden, das Veranstaltungsgelände liegt umringt von hohen Mauern im alten portugiesischen Fort. Eine traumhafte Kulisse und die beste Absperrung, die man

haben kann. Bis auf die Abriegelung des Backstage-Bereiches waren keine Metallgitterzäune nötig. Selbst diese wurden noch mit plakativen Dekorationsmaterialien unsichtbar gemacht. Die Stimmung war gigantisch – und der Sound miserabel am ersten Tag.

Man hatte die Anlage nicht im Griff, was zu hören und zu sehen war. Ich wünschte mir meinen Freund Heiner vom Soundhouse hierher. Der Stimmung tat das Durcheinander auf der Bühne jedoch keinen Abbruch. Niemand hatte ja überhaupt mit einem Beginn am heutigen Tage gerechnet. Das Bier war *baridi sana* – gut gekühlt bis zum Schluss! Der Bierpreis lag mit 3000 Tsh, ein Euro fünfzig, im absolut fairen Bereich. In den Strandhotels liegt der Preis bei 3500 Tsh (1,75 Euro) und billigere Restaurants verlangen 2500 Tsh (1,25 Euro) für einen halben Liter guten Bieres aus Tansania. Feiern war angesagt! Zusammen mit meinen Anzügen hatte ich mir ein dazu passendes Kopfband fertigen lassen, das genügend Schweiß aufsaugen konnte. Wie an den folgenden Busara-Tagen war ich tropfnass getanzt. Aber bei diesen Temperaturen war das überhaupt nicht unangenehm. Angekommen im Guesthouse, konnte ich jede Nacht gleich duschen und meinen Anzug waschen. Auf der großen Dachterrasse vor meinem Room No. 0 gab es praktischerweise eine Wäscheleine. So war meine Kleidung am nächsten Tag zum Frühstück schon wieder trocken.

Einige Tage vor dem Festival hatte ich Hubert wieder getroffen. Wir saßen nun öfter beisammen im Livingstone und tranken einige kühle Bierchen miteinander. Hubert hatte seine Klarinette dabei und wir beschlossen, uns im Rahmenprogramm des Musikfestivals auf der offenen Bühne der Musikakademie einzutragen. So hatten wir am Donnerstag und am Freitagnachmittag viel Spaß im Foyer der Musikakademie. Es ist einfach unglaublich schön, nette Leute und Musiker um sich zu haben. Unsere Darbietungen mit Klarinette und Percussion wurden mit viel Applaus gewürdigt. Als ich am Donnerstag vor unserem Auftritt meine von der Akademie ausgeliehene Trommel auf der Eingangstreppe in der Sonne warm spielte, kam jemand vorbei, setzte sich neben mich und sang zu meinem Trommelspiel. Ein etwa zwölfjähriger Junge fuhr mit seinem Fahrrad vorbei und gesellte sich spontan zu uns. So entstand innerhalb von fünf Minuten das Lied: „Nakupenda Zanzibar asalam aleykum." „Ich liebe Sansibar, der Friede sei mit dir." Wir waren alle drei begeistert und bereitwillig gingen meine beiden Mitmusiker auf den Vorschlag ein, dieses Stück gleich auf der Bühne darzubieten. Nachdem ich dem Publikum die Entstehungsgeschichte erzählt hatte: „Vor einigen Minuten hier auf der Straße entstanden!," sangen und klatschten meine beiden Freunde zu meinem Spiel auf der Trommel. Das Publikum war begeistert, es sang und klatschte ebenfalls den Refrain sogleich mit. Es war wunderschön und wir wurden mit viel Beifall bedacht. Auch das ist Afrika! Hier lebt die Spontanität, hier herrscht Freude über das, was man gerade erlebt. *Nakupenda Afrika* – ich liebe dich, Afrika!

Auf der Hauptbühne des Busara begann das tägliche Programm um etwa fünf Uhr nachmittags und dauerte meistens bis zwei Uhr in der Nacht. Am Donnerstag, dem zweiten Tag des Festivals, war der Sound von Anfang an deutlich besser! Ein anderer Techniker war am Mischpult, man hatte die Mikrophone auf der Bühne nummeriert und einige ebenfalls sorgfältig gekennzeichnete SM58-Funkmikrophone im Einsatz. Jetzt war mir klar, dass am Vortag die verschiedenen Kanäle einfach durcheinander waren. Jede Gruppe hatte vor Beginn des Programms um fünf Uhr jeweils um ein Uhr nachmittags ihren eigenen Soundcheck. Sie hatten jetzt die Technik im Griff, was Musiker ebenso wie Techniker und

Publikum in Begeisterung versetzte. Ich ließ es mir nicht nehmen, die Technik zu begutachten und lobte den Mann am Mischpult. Er freute sich sehr und zeigte mir bereitwillig seinen Arbeitsplatz: da staunte ich nicht schlecht! Ich stand vor einem Digitalmischpult neuester Bauart. So etwas hatte ich das letzte Mal nur im Soundhouse gesehen und von Heiner, einem der beiden Chefs dort, weiß ich, dass dieses Werkzeug unglaublich viele Möglichkeiten bietet – die man eben beherrschen muss. Die Technik zu bedienen, erfordert viel Wissen und eine lange Einarbeitungszeit. Der Mischpultmann freute sich über mein Interesse und über das Lob für seine ausgezeichnete Arbeit. Die Anlage wurde von der norwegischen Botschaft gesponsert und war wirklich „feinste Sahne" heutiger Beschallungstechnik.

„Tysen Tak Norge" – „Tausend Dank Norwegen." Das Musikprogramm war bunt und vielfältig, Gruppen aus ganz Afrika waren vertreten. Kamerateams aus aller Welt verfolgten dieses Ereignis. Noch nie vorher hatte ich ein solch bunt gemischtes Publikum gesehen. Menschen aus aller Welt, von allen Kontinenten und viele Europäer feierten gemeinsam dieses Fest der Musik. Es herrschte eine friedliche, fröhliche und ausgelassene Stimmung auf dem ganzen Festivalgelände.
Uhuru na Umoja, Freiheit und Einigkeit, das Motto des Staates Tansania war hier perfekt in die Tat umgesetzt. Besser hätte es nicht sein können.

Nur am Bierstand habe ich mir manchmal das Organisationstalent meines Bruders Ernst gewünscht. Aber am zweiten Tag schon hatte ich beste Beziehungen zum Standpersonal aufgebaut! Man kannte mich, und Tänzer wurden bevorzugt bedient, sowie Swahili sprechende *Mzungu*, Weiße, die eher die Ausnahme sind.

Ich hatte unglaublich viel Spaß mit Menschen aus aller Welt. Hier spürte man, wie Musik die Menschheit vereinen kann, wie Musik ein Werkzeug der Verständigung und des Friedens ist. Das schönste Musikfestival, *Sauti za Busara* „Stimme der Weisheit," das ich je erleben durfte, hat alle meine Erwartungen übertroffen und ich habe den festen Willen, nächstes Jahr wieder hier zu sein. *Mungu akipend,* wenn Gott will!

Was zum Festival für mich noch zu bemerken war: die Auftritte von Mama Bi Kidude! Am ersten und am zweiten Tag hatte sie ihren Auftritt: nur ein Stück, das sie darbot, begleitet von Taarab-Musikern. Die Menge tobte! Gekleidet in blumigem gelb-orange-rot: die Farben höchster Energie. Mit einer überdimensionalen Schleife auf dem Haupt schritt sie in Ehrfurcht erweckender Langsamkeit über die Bühne. Der erste, lang anhaltende Ton aus ihrem Munde ging durch Mark und Bein. Die Menge war außer sich. Das, worauf alle gewartet hatten: Die lebende Legende Afrikas bewegte jeden, aber auch jeden im Publikum. Kamerateams aus aller Welt drängten sich im Journalistenbereich unmittelbar vor der Bühne. Einige unvergessliche Minuten lang teilten sich Tausende von Menschen und ihr lang anhaltender Applaus trug Mama Bi Kidude, meine lächelnde Mama Afrika, förmlich von der Bühne. Sie wurde begleitet von der jungen Frau, die auch bei unserem ersten Zusammentreffen neben ihr saß.

Am Abschlussabend des Festivals, es war Sonntag, heizte die letzte Gruppe Twanga Pepeta aus Tansania dem Publikum noch einmal so richtig ein. Alle anwesenden Musiker und Organisatoren tanzten auf der Bühne. Mama Bi Kidude schritt in die Mitte, langsam wippend im Takt der Musik. Die Musik wurde leiser, man reichte ihr ein Funkmikrophon, die Menge wartete gespannt! Der treibenden Rhythmusgruppe im Hintergrund sagte sie ganz klar: „Ich singe nur Taarab!," woraufhin sie auch gleich das Mikrophon zurückgab! Die Menge johlte, Mama Bi Kidude tanzte bedächtig weiter und die Musik wurde wieder lauter, um sozusagen in einem Abschlussfeuerwerk der Töne zu enden. Der Ausklang des *Sauti za Busara.* Alle waren zufrieden. Man verabschiedete sich und trank das letzte, um diese Zeit schon warme Bier mit *maisha Marefu,* langes Leben, dem Trinkspruch in Swahili. Viele Freundschaften wurden geschlossen. *Uhuru Na Umoja,* in Frieden und Einigkeit, gingen alle auf ihren Weg. *Nita rudi kwa Busara* – ich werde wiederkommen zur Busara. *Mungu akipend,* wenn Gott es so will. Tropfnass getanzt kehrte ich, mein Herz gefüllt mit dem Glück des Erlebten, zurück in meinen Room No. 0, stellte mich mitsamt triefend nassem Anzug unter die Dusche und genoss den kühlenden Regen. Ich war glücklich und bin es immer noch!

Asante mungu – ich danke Gott.

Bier, Brot und Wein

Das Guesthouse Flamingo – jetzt bin ich schon den 23. Tag hier und genieße jeden Tag mein Penthouse Room No. 0. Jeden Tag muss ich darüber lächeln, was ich bei meiner Ankunft anfangs dachte! Ein kurzer Rückblick: Der Mann an der Rezeption, nicht gerade ein Lächler Afrikas, war eher ein mürrischer Zeitgenosse. Am Tag nach meiner Ankunft schenkte ich ihm ein *Bia Ujerumani,* ein deutsches Bier: Göller-Lager aus Zeil mit Bügelverschluss! *"Kwa mimi?"* „Für mich?," fragte er ungläubig. *"Ndio, a wewe,"* „ja, für dich," antwortete ich ihm. Er begutachtete die Flasche rundum und der Bügelverschluss schien ihm ein Rätsel aufzugeben, das sah ich ihm an. Skeptisch tastete er den Verschluss ab und dachte sich wohl, dass er ein spezielles Werkzeug benötigen würde, um diese Metall-Porzellan-Gummi-Verbindung zu lösen. Ich ging in mein Zimmer, holte eine bereits am Vortag geleerte Flasche und demonstrierte ihm mit einem lauten PLOPP die äußerst einfache Mechanik dieser ungewöhnlichen Bierflasche. Jetzt lag ein breites Lächeln auf seinem Gesicht. Ich forderte ihn auf, dasselbe mit seiner Flasche zu tun. „Nein, jetzt noch nicht!," sagte er, „ich werde es tun, wenn die Zeit da ist." Sichtlich beeindruckt bedankte er sich herzlich und ging mit seinem wertvollen *Bia Ujerumani* von dannen.
Einige Stunden später sah ich ihn wieder auf der Dachterrasse, diesmal in Begleitung einer Frau etwa seinen Alters. Mitten auf dem Tisch stand die Flasche Göller Lager und wurde ausgiebig begutachtet. Ich konnte nur ahnen, dass er ihr die Aufgabe gestellt hatte, herauszufinden, wie man diese Konstruktion wohl öffnen könnte. Sein Lächeln auf seinem Gesicht bewies mir, dass er wohlweislich ein Geheimnis wahrte, um dieses irgendwann zu lüften. Er winkte mir freundlich zu, als er mich sah. Anscheinend bandelten die Beiden gerade an. Ich wollte das junge Glück nicht stören

und ging in meinen Room No. 0. Dort fiel mein Blick sogleich auf das Brot, welches ich am Vortage bei meiner Ankunft mitgebracht hatte. Ich teilte das „Bergsteigerbrot" in der Mitte, trat dann hinaus auf die Terrasse und winkte meinen mittlerweile freundlich lachenden Freund von der Rezeption herbei. In meinem Zimmer überreichte ich ihm *Mkate Ujerumani*, deutsches Brot. *„Kwa mpenzi jako,"* für deine Geliebte, sagte ich ihm. Er sah mich wiederum ungläubig an und konnte es nicht fassen. Seine Mundwinkel passten nun schon fast nicht mehr auf sein Gesicht, so strahlte er. Er ging zu ihr hin und überreichte ihr das *Mkate Ujerumani*. Aus der halb offenen Zimmertür heraus konnte ich sehen, wie beeindruckt sie war, als er das Brot, mit vielen Worten umschmückt, in ihre Hände legte. Brot und Bier. Kein Geld der Welt hätte dieselbe Wirkung gehabt wie diese alltäglichen Nahrungsmittel unserer Heimat. Nach etwa einer halben Stunde verließ ich mein Zimmer, um wieder auf Erkundungsgang zu gehen. Beide winkten mir fröhlich zu: *„Asante sana,"* vielen Dank, *„baday,"* bis bald. In der Mitte des Tisches waren Brot und Bier nebeneinander – und das Glück der beiden schwebte über ihnen und erfüllte die ganze Terrasse.

Gleich am ersten Tag hatte ich auch ein schwedisches Paar meines Alters kennen gelernt. Die fragten mich später, was ich denn mit diesem Mann gemacht hätte, weil er so ausgesprochen freundlich zu mir sei. Seit zwei Wochen hätten sie ihn das erste Mal lächelnd gesehen. Meine Geschichte von Brot und Bier hat auch sie beeindruckt – es kann so einfach sein!
Das Guesthouse Flamingo ist ein guter Ort. Es treffen sich Leute, die anders unterwegs sind als Hotelgäste, die nur zwei Wochen Urlaub dort verbringen. Hier hat jeder seine Geschichte, oft nur auf der Durchreise für ein paar Tage.

Man redet viel miteinander, tauscht Erfahrungen aus und gibt sich gegenseitig nützliche Tipps. Ein Ort der Kommunikation. Mittlerweile bin ich der am längsten anwesende Gast im Haus und genieße die täglichen Späßchen mit den Bediensteten. Hier werde ich auch die letzten Tage vor meinem Abflug nach Äthiopien verbringen und mich gebührend von Sansibar verabschieden. *Mungu akipend.*

Am dritten Tag hier hatte ich direkt vor der Tür für eine Gruppe von Kindern Gitarre gespielt. Schnell war eine Menschenmenge beisammen, die den Durchgang in der engen Gasse unmöglich machte. Deshalb hörte ich nach einer viertel Stunde lieber auf, um den Weg nicht zu versperren. Seitdem bin ich der *Musiki,* wenn ich auf die Straße trete. Hier in Stonetown spricht sich alles schnell herum. Am Tag vor dem Festival bezog eine Frau das Zimmer A, den Raum neben dem meinigen Room No. 0. Nach anfänglich englischer Konversation stellte sich dann heraus, dass ihre Herkunft „Germany –Hamburg" war. Sie hieß Katharina und war eine Swahili-Lehrerin, die Afrikanistik studiert hatte. Wieder so eine Fügung des Schicksals. Einige Zeit waren wir zusammen unterwegs und zu meinem Geburtstag schenkte sie mir eine Swahili Stunde, die wieder einige Kenntnisse in mir auffrischte und sehr hilfreich war. Das Busara ging am Sonntag zu Ende, am Montag war der 14. Februar, der Tag meines 52. Erdenjubiläums. Für diesen Tag hatte ich mir eine Flasche Silvaner aus Franken aufgehoben.
Am Abend davor lernte ich Claire, eine Kanadierin kennen, die mit ihrem südafrikanischen Freund Yunus zum Musikfestival reiste. Einen kurzen Smalltalk hatten wir gemeinsam schon auf dem Busara. Auf der Strandmauer ergab sich ein schönes Gespräch miteinander und ich lud beide zu meinem Fest auf der Dachterrasse ein. Hubert war auch dabei.

Wir hatten viel Spaß miteinander und machten gemeinsam Musik – das schönste Geschenk über den Dächern von Sansibar. Katharina musste nachmittags zum Flugplatz, um ihre Rückreise anzutreten. Am Morgen hatte sie mich noch mit einer Geburtstagskarte auf Swahili und einem Frühstück überrascht, das sie vor meine Tür legte – wohl wissend, dass ich bestimmt nicht vor halb zehn zum Frühstück erscheinen würde.

Die Geburtstagsrunde genoss gemeinsam den Wein und schickte Grüße in meine Heimat und rund um die Welt in allen Sprachen, derer wir mächtig waren. Viele stießen in meiner Heimat nun auf mich an, das war mir gewiss. Ein wunderbares Gefühl. Der fränkische Silvaner wurde gelobt in höchsten Tönen. Dank meiner nunmehr besten Beziehungen zum Mann an der Rezeption durfte ich die mitgebrachte Flasche Wein, schön in einem undurchsichtigen Plastikbeutel verpackt, ganz hinten in den Kühlschrank stellen. Die Trinktemperatur war perfekt. Ein unvergesslicher Genuss für alle. Ich hatte mir auch einen Kühlschrank gebaut, welchen ich jedoch zur Bierkühlung benötigte, um meine Geburtstagsgesellschaft weiterhin mit frischem Kilimanjaro-Lager versorgen zu können. Später gesellten sich noch Florian, genannt Flo, ein junger alleinreisender Deutscher aus Bonn und eine Gruppe von Schweizern zu unserer Gesellschaft hinzu.

Alle waren bester Stimmung und zum Ausklang des Abends war noch einmal ein Besuch im Livingstone angesagt – wie sollte es anders sein. Der wundervolle Abend klang in meinem Lieblingsrestaurant aus. Spät in der Nacht machte ich mich glücklich auf den Heimweg. Hier sitze ich nun mal wieder – in meiner Stammkneipe – im Livingstone, genieße in der Mittagshitze ein kühles Radler und verfolge wieder die Belade-Aktion der Fähre Spice Islander nach Dar Es

Salam. Es ist, wie jeden Tag wieder, ein Schauspiel, das nie langweilig wird. Gestern habe ich hier einige Bilder gemalt. Bei einem besonders schwierigen Fall der Belade-Show bin ich dann aufgestanden und half, einen tief im Strandsand eingesunkenen Kleinlaster auf die Fähre zu verbringen. Die Leute sind es hier gar nicht gewohnt, dass ein *Mzungu,* ein Weißer, mit Hand anlegt. Mit großer Anstrengung habe ich mit geschoben und unter gegenseitiger, lautstarker Ermunterung haben wir es letztendlich dann fertig gebracht, den Lastwagen über die Stahlrampe auf die Ladefläche zu schaffen. Im wahrsten Sinne des Wortes: zu schaffen. Alle bedankten sich bei mir herzlich und meinten, dass das ohne mich nicht zu bewältigen gewesen wäre. Natürlich hätten sie es auch ohne mich hingekriegt, aber sie wollten mir Respekt für meine tatkräftige Unterstützung zollen und nannten mich *Simba Mzungu,* weißer Löwe. Denn mein offenes Haar, weißblond gebleicht von der Sonne, wehte in der kräftigen Prise am Strand und erinnerte meine Mitstreiter wohl an einen Löwen, was mir natürlich sehr schmeichelte. Alle Beobachter und die Gäste des Livingstone belohnten unsere gemeinsame Aktion mit kräftigem Applaus. Danach habe ich mir dann gleich ein kühles Kilimanjaro gegönnt. Es ist einfach fantastisch hier. Mittlerweile kennen mich viele Leute hier in Stonetown und ich werde nun auch oft gefragt, ob ich denn hier wohnen würde. Und irgendwie tue ich das mittlerweile schon.

Baba Tatu Band und die Trommeltaufe

Bei der Suche nach einer günstigen Internetverbindung fand ich einen kleinen Laden mit einem sehr netten und hilfreichen Web-Designer namens Hashil. Er löste sofort meine Probleme mit dem Datentransfer meiner Texte auf den Computer und war sogar im Stande, über Photoshop den Kontrast meiner eingescannten Bilder zu verbessern. Für die erste Arbeit, welche er für mich erledigte, verlangte er umgerechnet sechs Euro. Ich war höchst zufrieden und gab ihm sieben fünfzig. Für immerhin über 20 Seiten, welche er mir einscannte und sogar noch bearbeitete. Er wiederum war auch sehr zufrieden mit seinem Salär und meinen lobenden Worten für ihn. Nun hatte ich sogar eine E-Mail Adresse auf Sansibar. Mein „Oesi-Zanzibar" war gefunden! Ich staunte, dass alles so gut klappte, ohne Hashil hätte ich das nie gekonnt! Wie das Schicksal es dann so wollte, traf ich bei meinem zweiten Aufenthalt dort einen älteren, lächelnden und kichernden Herrn. „Na, heute treffen sich die Musiker bei mir," bemerkte Hashil und ich begrüßte freudig einen hageren kleinen Mann. Wir waren sogleich beide höchst angetan voneinander. Er war ein Mitglied der *Baba Tatu Band,* Drei-Väter-Band, und ich war interessiert, sie bei einer ihrer Proben zu treffen, was sich am nächsten Tag bereits so ergeben sollte. Ich bekam die Wegbeschreibung von Hashil und machte mich das erste Mal seit meinem Aufenthalt mit einem Taxi auf den Weg dorthin. In den Ruinen des Palastes der Prinzessin Salome, ein sagenumwobener Ort, sollte ihr Proberaum sein. Ich ließ mich von dem Taxifahrer in der Nähe eines bekannten Hotels absetzen. An der Rezeption fragte ich nach dem Proberaum in den nahen Ruinen. Niemand dort wusste irgendwas davon, ich blieb aber beharrlich und war mir sicher, dass ich die Musiker dort schon finden würde. Also schickte man mir einen Wächter mit, der mir den Weg zum Palast zeigen sollte. Dort angekommen, konnte ich mir jedoch auch nicht so recht vorstellen, wo hier ein Proberaum sein sollte – mitten in den Ruinen. Aber ich lauschte – und hörte Musik! Wir folgten dem Klang, gingen um einige Ecken und durch einige Tore – und da war sie: Die *Baba Tatu Band*. Auch der Wächter staunte nicht schlecht und war zufrieden, dass ich mein Ziel erreicht hatte. Der herzlichen Begrüßung der Musiker folgte die herzliche Verabschiedung von dem Wächter, der mir den Weg gewiesen hatte. Vor mir standen der ältere Herr mit einer Violine, ein Mann mit einer Trompete und ein Gitarrist. Voller Freude über meinen Besuch spielten sie mir gleich einige Stücke vor. Ich war begeistert.

Mitten in den Ruinen drei Musiker, die sich inbrünstig ihrer gemeinsamen Leidenschaft, der Musik, hingaben. Das mobile Aufnahmegerät, welches ich auf meiner Reise dabei hatte, erwies sich als die beste Investition, die ich getätigt hatte. Die Musiker freuten sich außerordentlich darüber, dass ihre Musik aufgezeichnet wurde und waren begeistert über die Qualität der Aufnahmen. Es herrschte eine unbeschreiblich schöne Stimmung! „Hier treffen wir uns immer, um Musik zu machen. Das ist unser Studio!" lachten sie. Wir verabredeten uns gleich wieder für den nächsten Tag, selbe Zeit am selben Ort. Der ältere Herr, welcher Violine spielte, zeigte mir den nächsten Weg zur *Dala Dala* Haltestation, und die beiden anderen machten sich mit einem Moped auf den Heimweg. Am nächsten Tag begab ich mich auf die Suche nach einer Trommel, die ich mir ausleihen wollte.

Zunächst fragte ich bei der Music Academy an. Mein Freund, der Direktor Adil Dabu war leider nicht da und die Sekretärin, eine strenge Engländerin, erläuterte mir, dass die Instrumente nicht außerhalb der Akademie genutzt werden dürfen, außer bei eigenen Veranstaltungen an anderen Orten. Dafür hatte ich auch vollstes Verständnis. Sie konnte

nicht wissen, dass Adil mir angeboten hatte, dass ich ihn direkt ansprechen könne, falls ich etwas brauche. Zum örtlichen Culture Club hatte ich auch einen guten Draht und dort hätten sie mir ihre Trommel auch ausgeliehen, hatten jedoch zur selben Zeit einen Auftritt in einem Hotel und brauchten ihr Instrumentarium selbst. Mittlerweile war es spät am Nachmittag und ich wollte nicht allzu unpünktlich sein.

So nahm ich mir zusammen mit Evelyn, einer allein reisenden Berlinerin, ein Taxi zum Studio Salome. Unterwegs ließ ich den Taxifahrer an einem Strand mit Haushaltswaren anhalten, um mir einen neuen Zehn Liter Kunststoffeimer mit Deckel zu kaufen. Erst vor wenigen Tagen hatte ich einen erstanden, der allerdings momentan seinen Dienst als Kühlschrank versah. Die vorhandenen Eimer waren schnell auf ihre Tauglichkeit als Percussions-Instrument durchgetestet, zum Erstaunen der Standbesatzung und des Taxifahrers. Und schon waren wir wieder an der Hotelhaltestelle angekommen. Der Weg war mir ja nun bekannt und meine Freunde freuten sich über den mitgebrachten Besuch und meine ungewöhnliche Trommel. Die so entstandenen live Aufnahmen in den Ruinen klangen mit Plastikeimer erstaunlich gut. Evelyn, das Publikum, war begeistert. Am Vortag hatte sie mich gebeten, die Aufnahmen einmal anhören zu dürfen und fragte sogleich, ob sie auch mit dabei sein darf beim nächsten Treffen. Für den darauf folgenden Montag, also drei Tage später, wurde wieder ein musikalisches Rendezvous vereinbart. An diesem Montag hatte ich wieder die Rennerei wegen Trommeln, welche ich ausleihen konnte. Adil war immer noch nicht in der Akademie und so bat ich Mzee Kherj, den ältesten und erfahrensten *Mwalimu Ngome*, Trommellehrer, um Hilfe. Bereitwillig holte er zwei seiner Trommeln mit dem Fahrrad. Ich war fasziniert von deren Klang. Das waren Instrumente für Musiker. Um mein „Trommeldrama der ewigen Rennerei" zu beenden, fragte ich bei Kherj nach dem Preis des mitgebrachten Paares. Für dich, als *Ndugu Musici,* Bruder Musiker, kostet dieses Paar 50000, also umgerechnet 25 Euro. Das war ein äußerst fairer Preis für Musikerinstrumente. Ich war sehr erfreut und ohne weiter zu handeln, wie anderweitig üblich, willigte ich sofort ein. Er freute sich ebenso wie ich, dass er mir etwas mitgeben konnte. Von nun an hatte ich über dieses Trommelpaar zu meinem Freund Kherj eine persönliche Beziehung. Stolz packte ich meine neuen Kinder in zwei Trageta-schen und auf ging es zum Studio Salome. Wiederum mit dem Taxi, denn ich war wieder mal spät dran. Dort ange-kommen, freuten sich Juma, der Geiger und Abass, der Trompeter über meine mitgebrachten Trommeln. Bucha, der Gitarrist sei krank, sagten sie. So probten wir im kleinen Kreis einige Stücke, um mit mir den Chorgesang zu üben. Beim Manager des Livingstone hatte ich um eine Auftritt-möglichkeit angefragt und vereinbarte mit ihm den Mitt-woch, 2. März um 19 Uhr.

Essen und Trinken frei und 10000 Shilling für jeden Musi-ker waren nicht gerade eine berauschende Gage, aber die Möglichkeit, sich an einem wundervollen Ort zu präsentie-ren, überzeugte dann alle Musiker. Für den Tag davor be-schlossen wir, uns wieder zu treffen, um uns vorzubereiten auf den Auftritt.

Baba Tatu na moja Band sollten wir für diesen Gig heißen was etwa heißt: „Drei Väter und noch Einer Band." So, und nun hatte ich wenigstens eigene Trommeln. Zufrieden strei-chelte ich meine musikalischen Kinder. In dieser Nacht soll-te ich sie auch noch taufen … mit Meerwasser am Strand von Sansibar.

Nachts um zwei Uhr machte ich mich auf, um alleine am Strand zu sein. Ich suchte mir einen einsamen Platz im Lichtscheine eines Hotels in der Nähe. Mein Aufnahmegerät stellte ich zwischen die beruhigend anrauschenden Wellen und einen Stein, welcher mir bei der folgenden Zeremonie als Sitz dienen sollte. *Zanzibar* – so taufte ich das Trommel-paar und *Ukuru,* Freiheit, und *Busara,* Weisheit, die einzel-nen Trommeln. Vor mir huschten Krabben über den Strand, es war als ob sie neugierig wären und diesen für sie unge-wohnten Klängen der Trommeln lauschten. Eine friedliche und faszinierende Szenerie: über mir der klare Sternenhim-mel, vor mir die Weite des Meeres, das Krabbenpublikum, meine Trommeln und ich. Wir bildeten eine Einheit. Es war wunderschön. Die Wellen krochen langsam immer weiter den Strand hinauf, so dass ich, kurz bevor sie mein Aufnahmegerät erreichten, die musikalische Taufzeremonie beendete. Zufrieden damit machte ich mich wieder auf den Heimweg, vorbei an den Hotelnachtwächtern, welche mich erstaunt interviewten, was ich denn um diese Zeit mit meinen Trommeln am Strand gemacht hätte. Nach meiner Erläuterung der eben vollzogenen Trommeltaufe mögen sie sich wohl gedacht haben, was dieser *Musiki Mzungu,* weißer Musiker, wohl für ein seltsamer Vogel sei. Sie schüttelten lachend den Kopf und einer von ihnen bemerkte, dass er mich auch schon mit meiner Gitarre gesehen hätte. Mit einem *"lala Salama,"* schlafe in Frieden, verabschiedeten sie mich. *"Pole ya Kazi"* – mit „Respekt vor ihrer Arbeit" – verabschiedete ich mich von den beiden adrett uniformierten Wächtern. In meinem Room No. 0 hörte ich mir das soeben aufgenommene Spiel der Wellen und Trommeln gleich noch einmal an: Das Rauschen des Meeres im Ohr und die Trommelklänge versetzten mich in *Uhuru na Umoya*: Freiheit und Einigkeit.

Mittlerweile bin ich der am längsten anwesende Gast im Flamingo, dem Ort interessantester Begegnungen. Zwar waren nicht alle angenehm. Aber dennoch möchte ich mit keinem Hotel tauschen. Dort sind die Gesellschaften weitaus distanzierter. Reisende in einem Guesthouse sind eben anders unterwegs als Pauschalreisende. Auffällig ist es, dass man den meisten weißen Menschen in Gruppen begegnet, begleitet von einem Guide. In Stonetown ist es so spannend, Menschen zu beobachten, dass ich gar nicht satt davon werden kann. Jeden Tag gibt es neue Begegnungen und bestehende Beziehungen vertiefen sich. Es herrscht eine Herzlichkeit miteinander, es wird viel gelacht und ein *pole pole,* langsam, langsam, regiert alles. *Haraka haraka haina Bara-ka,* schnell, schnell macht keinen Sinn. Die Philosophie der Langsamkeit. Die Ruhe hat hier ihre Heimat. Bedächtig werden die Dinge, langsam und behäbig, so scheint es, aber mit der kraftvollen Zeit, in der ein Baum eben wächst: langsam und stetig! Und obwohl ein umtriebiger Ort, herrscht in den alten und engen Gassen keine Hektik. Es sind Mopeds und Fahrräder unterwegs und auch beim Vorbeischlängeln an den Lastkarrenschiebern fallen keine Worte gegenseitiger Beschimpfungen oder Beschwerden. Geduldig wartet ein Stau von einigen Mopeds und Fahrrädern, wenn besonders lange Rohre um eine Ecke verbracht werden müssen und Einiges beiseite geräumt werden muss. Lachend werden solche Umstände hingenommen. Was soll's auch, es geht nicht anders. Die Geduld hier ist ein Gut, das ich gerne exportieren würde – zu uns nach Europa!

Die verbindende Kraft des Lächelns

Es ist das erste Mal auf all meinen Reisen, die mich in viele Länder Afrikas geführt haben, dass ich das Gefühl habe: hier könnte ich leben, hier könnte ich einen Teil meines Lebens zu verbringen. Christen, Muslime und Hindus leben friedlich miteinander und gehen respektvoll miteinander um. Sansibar ist ein Ort der Begegnung vieler Kulturen. Man spürt, dass die Leute hier Fremdes gewohnt sind und Fremden aufgeschlossen begegnen. Von meiner Terrasse aus sehe ich eine Moschee neben einer Kirche und mittendrin die Silhouette eines Satellitenempfängers, der kreisrund gen Himmel ragt. Es ist wie ein Symbol der Antennen zum Universum. *Uhuru na Umoya:* Freiheit und Einigkeit.

Von all den Bekanntschaften und Freundschaften, die ich hier schloss, möchte ich zwei junge Frauen besonders hervorheben: Elli und Babsi, zwei Schwestern aus der Nähe von Neumarkt. Elli hat kurz vor der Reise den Reiterhof ihrer Eltern übernommen und war dabei, sich einen Plan für die Zukunft zu machen. In vielen Gesprächen miteinander wurden Problematiken diskutiert und Visionen entwickelt. Ich bewundere den Mut und das Engagement dieser Frau und wünsche ihr Kraft und vor alles innere Ruhe für ihr Vorhaben. Babsi studiert und ist ehrenamtlich im Rettungsdienst tätig. Zwei Schwestern, die unerschrocken in Afrika unterwegs sind, was man wahrlich nicht häufig antrifft. In ihren Verkaufsverhandlungen waren die beiden unschlagbar. Sie hatten eben noch den Vorteil ihres weiblichen Charmes, welcher auch, manchmal fast schon zu sehr, immer wieder eingesetzt wurde. Ich beauftragte die beiden auch damit, Sachen für mich mit einzukaufen, da ich beschloss, im Rahmen meiner Veranstaltung am 20. Mai in der Stadthalle Haßfurt einen Sansibar-Stand zu machen, und ähnlich wie hier, alles Mögliche zum Verkauf anzubieten.

Ich wünschte mir, dass es mehr solcher aufgeschlossenen und mutigen Menschen in unserer Heimat geben würde. Seltsamerweise trifft man diese Menschen nicht zuhause, sondern eben hier oder an anderen Orten, weit weg von uns. Geschichten begegnen sich in der Fremde.

Oder zum Beispiel Flo, der junge Deutsche aus Bonn. Seit einigen Wochen sind wir nun Nachbarn im obersten Stockwerk. Er bewohnt übrigens das Zimmer A, direkt neben Zimmer 0, macht hier in Stonetown seinen Tauchschein „Open Water" bei den *Bahari Divers,* den Meerestauchern. Anfangs hin- und her gerissen, ob er Tauchschein oder Safari machen sollte, entschloss er sich für das Tauchen und ist nun voller Freude über das Erlebte in dieser Unterwasserwelt. Voller Zuversicht blickt er in die Zukunft und möchte seine Tauchlizenz schon nächstes Jahr erweitern. Es ist schön, Menschen in Begeisterung zu erleben. Flo hat eine neue Welt für sich entdeckt, die Faszination der scheinbaren Schwerelosigkeit. Das „embryonale Gefühl" des Schwebens, wie ich es auch bei meinen Tauchgängen damals in Spanien erlebt habe.

Unsere Welt ist ein Paradies, nur schade, dass es viele von uns nicht erkennen – und auf ein späteres Paradies warten. Öffnet eure Augen – hier und jetzt. Öffnet all eure Sinne ... auch ein kleines Glück kann eine große Erkenntnis in sich bergen.

Zurück vom Auftritt mit der *Baba Tatu Band* sitze ich auf dem Rooftop – meiner Terrasse – und genieße die Stille. Es war einfach schön. Die Leute saßen da und für alle überraschend war Musik da. Alle waren zufrieden und ich habe wahrlich Freunde der Musik gefunden. Wir werden wieder zusammen musizieren *Allah akipend,* wenn Allah es will oder *in Shalah.* Das Publikum spendete nach jedem Stück Applaus. Besonderer Renner war „No Women No Cry," dieses Lied mit Geige, Shaker, Gitarre und Trommeln ist eine einmalige Besetzung. *Na kupenda wewe,* ich liebe dich, ja dich, war auch einer der Hits. Da ich die Aufnahme jederzeit hören konnte, habe ich auch kräftig den Chorgesang geübt, und dieses Stück lebt mit dem Chorgesang von allen.

Energie kann man aus verschiedenen Quellen schöpfen, eine davon ist Gemeinsamkeit. Freude zu teilen, die wir uns gegenseitig geben können, das gibt Kraft und Ruhe zugleich. Lange Zeit habe ich nicht mehr so viele herzliche Menschen um mich gespürt. Dein Lachen wird erwidert, deine Anwesenheit begrüßt *karibu tena,* du bist willkommen, und es kommt von Herzen. Ich schreibe nieder, was ich spüre, Glück in meinem Herzen und das Glück, es teilen zu dürfen. Es gibt viele materiell reiche Menschen hier, habe ich mir sagen lassen. Aber sie stellen es nicht zur Schau. Man hat Respekt vor ihnen, von innen heraus. Äußerlich sind sie sich gleich. Obwohl ich nun äußerlich völlig verschieden bin, werde ich akzeptiert und von den Alten eingeladen, mich zu ihnen zu setzen, auf ein Gespräch, auf ein kennen lernen. *Shikamo* ist der Gruß an eine Respektsperson, an einen Älteren oder im Rang Höheren. Immer öfter höre auch ich jetzt diesen Gruß. Und es freut mich. Ich werde respektiert, weil auch mein Gruß an die Alten eine Geste des Respekts ist. *Maharaba* ist die Antwort auf diesen Gruß...ich wünsche Dir einen guten Tag.
Gestern kehrte mein „afrikanischer Sohn" Flo wieder nach Hause zurück. Der Weg in die Heimat – mit einem Anteil an Wehmut und Freude zugleich. Beide wurden wir oft gefragt: wo ist denn dein Sohn? Wo ist denn dein Vater? Man hatte uns oft gemeinsam gesehen. Ein 25 jähriger Sohn mit seinem 52 jährigen Vater wäre ja auch nicht so ungewöhnlich. Wir haben beide diese Zeit miteinander genossen und viele Liter *Bira* flossen durch unsere Kehlen. Ein feiner Kerl, ein Hüne von Mann mit dem niedlichen Namen Flo. Gerade vermisse ich ihn richtig. Eben dachte ich noch, er kommt jetzt gerade die Treppe herauf. Aber das Geräusch der Schlappen war zu schnell – es war jemand von der Küchencrew. Flo hatte sich angepasst an die hier herrschende Geschwindigkeit – was ihm einigen Stress beim Ausflug mit

den beiden Mädels verursachte, aber gutmütig hingenommen wurde. Er war sogar noch langsamer als mancher Einheimische. Eine Kunst für sich! Sicher hat er viel zu erzählen. Wir werden uns wieder sehen. *Mungu akipend.*

In den letzten Tagen war ich ausgefüllt mit Aktionen rund um meine Ausstellung:
Uhuru na Umoya, Freiheit und Einigkeit – das Staatsmotto Tansanias, was mir hier ständig begegnet. Mit dem Untertitel *Tabasamu la ki Zanzibari,* das Lächeln Sansibars. Bei Hashil habe ich mit einem eigens angeheuerten Photoshop-Spezialisten meine aus einigen Teilen bestehenden Originale zu einem Ausstellungsplakat und gleichzeitig Flyer zusammengefügt, die hier nun über verschiedene Wege ihre Verbreitung finden. Dies hier ist kein Urlaub im Sinne, wie wir ihn kennen. Es ist eine Reise in ein Leben, gefüllt mit Erfahrungen, auf die ich mich jeden Tag erneut freuen darf. Kleine Wahrnehmungen sind so groß. Ein Lächeln – es ist ein Geschenk. *Asante sana Zanzibar.*
Unter vielen Beziehungen, die mir diese Reise schenkt, ist die mit einem hier Geborenen namens Ibrahim. 50 Jahre lang war er in Belgien und England. Jetzt ist er wieder bei seinen Wurzeln, hier in seiner Heimat. Er wurde „weggeschickt," wie er mir erzählte, als ich ihn fragte, warum er denn Sansibar verlassen hätte. Als Sohn eines Ministers sollte er Bildung erhalten – in England. Was ihn aber so gar nicht interessiert hat. Sein Weg war und ist ein Abenteuer dieser Welt. Gestern waren wir beide zusammen gesessen im Livingstone, wo sonst, bis die Lichter ausgingen. Es war ein gemeinsamer Austausch, erheitert über alles, was so passiert im Leben. Mit 66 Jahren ist Ibrahim ein unglaublich jung gebliebener aktiver Mann, voller Ideen und Unternehmungslust. „Ich will etwas zurückgeben an meine Heimat, nach 50 Jahren Exil. Er meint es ernst. Seine Erfahrung im

musikalischen Bereich ist sicherlich enorm, viele Kontakte international und aus seinem belgischen Tonstudio lassen mich ahnen, was sein Herz begehrt: wir verbinden uns – mit der, und in der Musik – weltweit! Hier schlägt ein Herz, hier pulsiert das Leben, hier ist eine Quelle. Wir werden uns bestimmt oft wieder treffen. Ganz am Anfang meines Aufenthaltes hier waren wir uns das erste Mal begegnet. Im Livíngstone – wo sonst! Ibrahim ist gleichen Alters wie der Direktor Adil von der Musik Academy und beide sind sehr gut befreundet. Wir sahen uns oft dort. Die Gespräche bis tief in die Nacht haben eine Botschaft hinterlassen, die ich nicht vergessen werde.

Es gab auch merkwürdige Erfahrungen hier auf meiner Terrasse. Des Öfteren sitze ich am Nachmittag hier und genieße das Spiel auf meinen Trommeln. Schräg gegenüber, einen Steinwurf entfernt, tanzt seit Tagen ein kleines Mädchen von vielleicht sechs oder sieben Jahren mit ihrer etwa vierzehnjährigen Schwester zu meiner Trommelmusik – in einem Fenster. Heute spiele ich wieder und wir winken uns zu. Das kleine Mädchen ist alleine und tanzt. Ich traue meinen Augen nicht – plötzlich zieht sie sich aus. Sie tanzt und feuert mich mit ihren funkelnden Augen an. Ich dachte „spinne ich jetzt oder dieses kleine Mädchen," jedenfalls kommt just die ältere Schwester ins Zimmer. *Matatatisu,* ein Problem. Zunächst Geschimpfe, dann ein Lachen – und ein gemeinsames Winken. *Matatatisu* löste sich auf in gemeinsamem Lachen.

Bevor es dunkel wurde, besorgte ich mir noch einen Eisklotz von etwa drei Kilo – *Barafu* genannt, den ich mir seit Wochen in einem Geschäft am Hafen hole, wo auch die Zuckerrohrsaftpresser ihre *Barafu* holen. Der Besitzer, ein alter Inder, hat mir auch schon die „Service-Klingel" gezeigt, weil ich mittlerweile guter Kunde bin und ihn die Beschreibung der Bauweise meines Kühlschrankes Modell No.3 sehr amüsiert hat. „Ich bin Deutscher, trinke Bier, weil Bier und Brot in meiner Heimat gleich gestellt sind." Voller Verständnis für meine Situation habe ich jetzt also die Erlaubnis der „Notklingelbetätigung." Seine taubstumme Bedienung freut sich, mich zu sehen und rennt gleich los: *Barafu*. Noch nie in meinem Leben habe ich drei Kilo Eis mit so viel warmer Begeisterung im Empfang genommen. Es sind die kleinen Dinge in dieser Welt, die Energie und Freude geben. Erst heute habe ich meinem Freund von der Rezeption hier einen Plastikbeutel mit *Konyagi* mitgebracht. Einige Tage vorher hatten wir die Diskussion, dass er es im Moment schlecht besorgen könnte. Lachend zeigte er mir nun seine 0,6 l Flasche – wohl verpackt – und von Ohr zu Ohr grinsend! *Hakuna Matata*: kein Problem. Wir hatten nun 0,1 l im Plastikbeutel und 0,6 l in Flasche ... Hochprozentiges! Ich fühle mich hier richtig daheim und merke – auch unterwegs – es zieht mich auch nach Hause: in meinen Room No. 0. Mittlerweile sieht es auch so aus wie bei mir zuhause. Allerdings kann ich hier innerhalb einer Stunde alles verpacken, das ist zuhause in Zeil nicht zu schaffen! Neulich habe ich mal wieder aufgeräumt und nichts mehr war an seinem gewohnten Platz wie zuvor im Chaos. Von nun an räume ich auch nicht mehr auf. Irgendwann einmal packe ich ja sowieso alles zusammen – was soll's! Heute ist Disco im Livingstone, genug geschrieben habe ich für heute. Es geht los. Und platschnass wird der Abend wieder ausklingen – unter der Dusche. *Mungu akipend!*

Und es war wieder so! Allerdings war gestern nicht viel los im Livingstone. Die Saison neigt sich dem Ende zu, wie mir der Manager Norbert erklärte. Anfangs hielt ich ihn für einen Engländer, die ersten Tage unserer Bekanntschaft kommunizierten wir auch in Englisch. Ich wunderte mich anfangs auch sehr, dass ein englischer Chef mit seinem Bediensteten in Swahili spricht! Das ist äußerst ungewöhnlich für die immer noch herrschende „Kolonial-Mentalität." Nach einigen Tagen stellte sich heraus – ich weiß gar nicht mehr wie – dass er Deutscher ist. Aus Chemnitz, nicht einmal weit weg von meinem Zuhause. Norbert Keller: ein Mann, der den Respekt verdient, den er sich erarbeitet hat. Ein Manager, der mit anpackt, wenn es nötig ist. Er geht mit gutem Beispiel voran und das hinterlässt Spuren bei seinen Angestellten. Sie sind freundlich und aufmerksam. Über Wochen hinweg verfolge ich nun die Gastronomie hier und ich bemerkte, dass hier deutsche Gründlichkeit und Organisation eine perfekte Einheit mit dem „Lächeln Sansibars" gefunden hat. Es geht, wie mir dieses Beispiel beweist! Norbert ist es auch, der die Verbindung zum Fernsehen von Tansania hergestellt hat. Und ich wage fast immer noch nicht zu glauben, dass es einen Bericht über meine Ausstellung und über meine Aktivitäten auf der Insel geben soll. Jedenfalls – wie auch immer: Ich freue mich auf den 30.

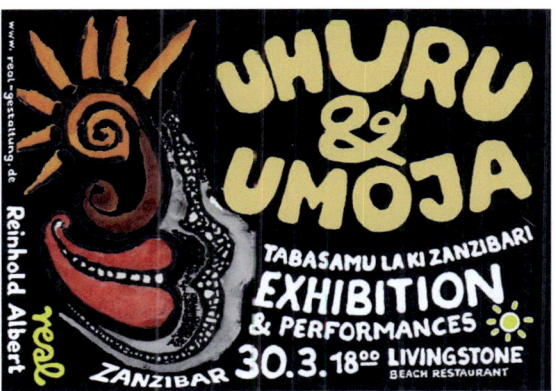 März, auf meine Ausstellung und das musikalische Rahmenprogramm. Die *Baba Tatu Band* und viele Musikerfreunde von der hiesigen Akademie. Ob mit oder ohne Fernsehen, es wird ein gebührender Abschied von Sansibar sein! *Nita ruti Zanzibar:* Ich werde wieder kommen, Sansibar. *Na penda Tabasamu la ki Zanzibari:* Ich liebe dein Lächeln, Sansibar.

Die Erfindung des Kühlschranks

Jetzt ist es einmal an der Zeit, meine „Kühlschränke" vorzu-stellen.

Das Modell No. 1:
ein auf Verdunstungskälte basierendes Prinzip, das ich aus der Sahara von Wassersäcken kenne, habe ich mittels mei-ner mitgebrachten Wandersocken zur Bierdosenkühlung eingesetzt. In eine Wandersocke aus gutem, filzigem Mate-rial passen genau drei Dosen à 0,33 l Bier. Die Socken sollten dann immer schön feucht gehalten werden und an einem windigen Platz aufgehängt sein. Wenn möglich im Schatten. Die Kälte, die nun bei der Verdunstung entsteht, entzieht dem Innenraum, also sprich dem Bier, die Wärmeenergie. Anhand dieser Methode ist es möglich, innerhalb von nicht ganz zwei Stunden die Dosen auf ca. 12 – 13 °C herabzukühlen. Es ist somit „kellerfrisch."

Gesamtfassungsvermögen: 6 x 0,33 l = 1,98 l.

Vorteil:
- einfache Konstruktion
- robust
- nur drei Grundbauteile: zwei Socken, eine Schnur

Nachteil:
- Socken müssen von Zeit zu Zeit wieder mit Feuchtig-keit benetzt werden

Die Mitbewohner im Flamingo und die Bediensteten staunten nicht schlecht über meine Bierkühlmethode. Vor allem von den Stromausfällen bleibt diese Konstruktion unberührt. Jedoch war ich des Öfteren unterwegs und konnte die Socken nicht über längere Zeit feucht halten. Deshalb habe ich das Grundprinzip der Verdunstung in das

Modell No. 2 „Zanzibar"

übernommen und eine neue Befeuchtungsmethode entwickelt. Einfach sollte es sein, die Bauteile leicht beschaffbar und wartungsfreundlich. Dieses Projekt erforderte einige Experimente und Entwicklungsphasen. Auf das Ergebnis bin ich richtig stolz. Die Entwicklungsgeschichte wurde neugierig von vielen mit verfolgt und immer wieder begutachtet. Basierend auf der Verdunstungsmethodik des Modells No. 1 ist diese Weiterentwicklung nun mit einer regelbaren Flüssigkeits-Nachschubeinheit ausgestattet. Eine überall erhältliche 1,5 l Kunststoffwasserflasche ist das Kernstück dieses Systems. Ebenfalls an einem möglichst windigen Ort wird die Flasche (C) frei schwebend mittels einer Schnur (B) befestigt. Nun wird ein Stück Stoff (in diesem Falle ist es Leinwandgewebe) um den Flaschenhals so befestigt, dass

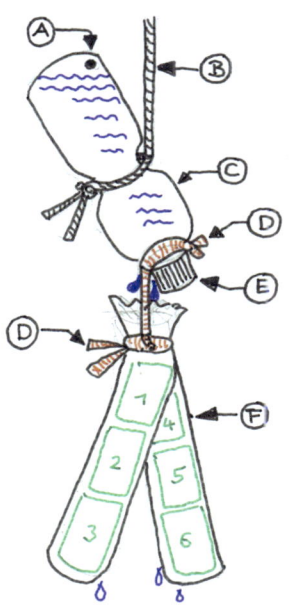

der Drehverschluss (E) noch bewegbar ist. An diesem Stoffstreifen werden die mit Bierdosen bestückten Filzsocken angeknotet (D – F). Der Behälter (C) ist mit einem Belüftungsloch (A) möglichst weit oben versehen. Man kann nun durch vollständige Entfernung des Drehverschlusses (E) die Flasche mit 1,5 l Wasser befüllen. Es gilt zu beachten, dass das Belüftungsloch (A) während des Befüllungsvorganges mittels einfachen Fingerdruckes verschlossen wird. Der Drehverschluss (E) wird nun wieder handfest angezogen und die Flasche (C) in die hängende Position gebracht – wie auf der schematischen Darstellung gezeigt. Die schon vorher befeuchteten Socken (F) können nun mittels einfacher Drehung am Schraubverschluss (E) weiterhin über den wie einen Docht wirkenden Leinwandstreifen (D) feucht gehalten werden. Der Clou an dieser Technik ist die Regelbarkeit des Flüssigkeitsnachschubes: ähnlich wie bei einer Infusion wird nun Tröpfchenweise die Flüssigkeit an den Stoffstreifen weitergeleitet. Die Wirkung der Schwerkraft führt die Flüssigkeit bis in die Sockenspitzen, da diese sich näher am Erdmittelpunkt befinden. Die passende Einstellung an der Einstellschraube (E) war recht schnell gefunden. Sie richtet sich nach Umgebungstemperatur und umgebender Windgeschwindigkeit sowie nach der Luftfeuchtigkeit. Man entwickelt sehr schnell ein Gefühl für die richtige Tropfgeschwindigkeit, wie meine Experimente zeigten. In nur einem Tag intensiver Entwicklungsarbeit war mein Ziel erreicht: einfach, leicht beschaffbare Bauteile und wartungsfreundlich. Nun konnte ich mich stundenlang auf Wanderschaft begeben, immer in der Gewissheit, zuhause kühles Bier genießen zu können. Meine Erfindung wurde mächtig bestaunt. Dieses „Modell No. 2 *Zanzibar*" hat bisher seinen Dienst noch nicht versagt.

Vorteil:
- einfache Grundkonstruktion
- leicht beschaffbare Bauteile
- wartungsfreundlich und leicht wieder befüllbar
- Wirkungsweise über Stunden hinweg einstellbar
- Frisches, gekühltes Bier im Gesamtvolumen von 1,98 l

Nachteil:
- bei Entnahme von nur einer Dose Bier ist die Verbindung des Leinwandstreifens (D) mit den Socken (F) in gleicher Weise zu lösen, wie bei der Entnahme mehrerer Bierbehälter. Das bedeutet: der Aufwand reduziert sich, je mehr Menschen gemeinsam trinken, was übrigens auf das Modell No. 1 im selben Maße zutrifft. Bei der Dosenentnahme sollte auch immer gleich wieder ein Nachschubvorgang mit befüllten Behältern stattfinden.

Insgesamt gilt zu bemerken, dass keinerlei Energieverbrauch während des Kühlvorganges stattfindet. Es ist eine Energie verlagernde Funktion, basierend auf Naturgesetzen. Als Befüllung des Wasserbehälters kann selbst salziges Meerwasser verwendet werden, was natürlich zu einer gewissen Versalzung der Bauteile führt, die aber leicht wieder beseitigt werden kann. Bei erhöhter Trinkgeschwindigkeit oder beim Gesellschaftstrinken sollten allerdings mehrere Kühlautomaten zum Einsatz gebracht werden. Hier kommen wir nun zur Entwicklungsgeschichte des

„Modell No.3 *Barafu.*"
Es galt, die Kühlzeit für größere Mengen Bierdosen zu reduzieren. Eine Palette Dosen = 24 Stück, waren zum Preis von 27000 Tsh (13 Euro 50) zu haben. Das entspricht ca. 55 Cent/Dose à 0,33 l. Mein ursprünglich als Trommel funktionierender Plastik-Eimer mit Deckel und dem Volumen von 10 l bildet das Herzstück dieser Einheit, den so genannten Kühlreaktor. In diesem Falle: ein *Barafuator*.
Der Kunststoff-Eimer (E) wird mit zwei Lagen Schaumstoff als Isolationsmaterial (I) umwickelt, welche mittels der Schnur (S) nicht zu fest, aber auch nicht zu locker an den Eimer (E) gedrückt werden und anhand einer einfachen

Schlaufe, wie wir sie alle vom Schnürsenkel zubinden kennen, zusammengehalten wird. Diese Grundkonstruktion wird nun auf zwei Lagen Schaumstoff gestellt. Der Kühlreaktorboden kann nun mit maximal sieben Dosen aufrecht stehend bestückt werden. Jetzt kommt der *Barafu* zum Einsatz und wird quer liegend auf die Bierbehältnisse verbracht. Der *Barafu* schmilzt nun regelrecht auf das Dosenprofil auf, bedingt durch sein anfängliches Eigengewicht von ca. 3 kg. Das abschmelzende Wasser fließt an den Bierdosenwänden nach unten ab und sammelt sich am Grund des Kühl-

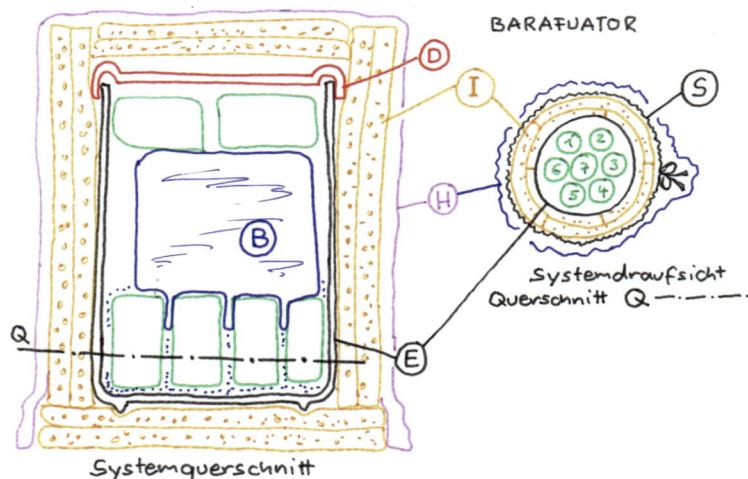

Systemquerschnitt

reaktors. Der Flüssigkeitspegel steigt nun ständig an und kühlt die untere Dosenlage innerhalb von nur einer halben Stunde auf eine angenehme frische Trinktemperatur ab. Luftdicht verschlossen mittels des Deckels (D) werden auf den Deckel auch noch zwei Lagen Schaumstoff aufgelegt und die komplette Kühlanlage wird zusätzlich noch mit einem Handtuch abgedeckt, um den Isolationswert zu erhöhen. Durch das kontinuierliche Abschmelzen des *Barafu* wird im oberen Teil des Kühlreaktors Raum frei, welcher dann auch mit quer liegenden Dosen bestückt werden kann. Die Bierdosen sollten allerdings immer aus dem unteren, aufrecht stehenden Behälter-Bereich entnommen werden, weil dort die größte, sozusagen „Eiseskälte" herrscht.

Am ersten Tag der Inbetriebnahme gelang mir die Kühlung einer kompletten Palette mit 24 Dosen Kilimanjaro-Lager à 0, 33 l. Dank tatkräftiger Unterstützung meines Bonner Freundes Flo gelang uns auch die Verbringung dieser Menge durch unsere Kehlen. Wir waren beide begeistert. Auch dieses Kühlsystem fand gleichermaßen große Bewunderung bei Mitbewohnern und Angestellten.

Bei weiteren Testläufen stellte sich heraus, dass eine Palette Dosenbier so über zwei Tage lang richtig schön kühl gehalten werden konnte. Ein *Barafu* kostet 1000 Tsh, also 50 Cent. So hielten sich auch die Betriebskosten des Reaktors in überschaubaren Grenzen. Das Isolationsmaterial Schaumstoff hatte ich mitgebracht, um damit die fünf Flaschen Göller Bier und drei Flaschen Frankenwein aus meiner Heimat gegen Beschädigung zu sichern. 15 m stabiles Poly-Hanf-Seil gehören immer zu meinem Reisegepäck und haben schon oft auf verschiedenste Art und Weise ihren Dienst getan. Die Investition in den Kunststoffeimer in Höhe von 4000 Tsh, zwei Euro, hat sich – zunächst als Trommel, später als Kühlreaktor – in jedem Fall gelohnt. Die Entwicklungszeit für dieses Kühlsystem lag bei nur einer Stunde, schätzungsweise, da ich keine Uhr dabei habe. Die Zeit der Besorgung von einer Palette Bier und des *Barafu* haben wohl noch einmal die gleiche Zeit in Anspruch genommen. Der erste Erprobungslauf dauerte dann bis tief in die Nacht. So tief, dass wir am nächsten Tag das Frühstück wieder einmal verpassten, aber mit der unbedingten Gewissheit eines schnell funktionierenden Kühlreaktors enormer Leistungsfähigkeit.

Das beruhigt ungemein.

Beach Boys, Massai und der Verkehr

Es regnet heute, am Samstag, den 12. März 2011, am 40. Tag meiner Reise. Angenehm warm ist der Regen, wie eine Dusche im Freien, was ich auch gleich so nutze. Ich bin alleine auf meiner Terrasse und spaziere nackt im Regen – ein wunderbares Gefühl. Auf die Blechdächer von Stonetown prasseln die Tropfen und sammeln sich in den engen Gassen, die zu kleinen Bächen werden. Jetzt weiß man, warum die Hauseingänge alle höher liegen. Meist in Sitzhöhe, oft noch mit einer seitlichen Stufe. Wenn es hier einmal richtig regnet, dann werden die engen Gassen zu Bächen, hat man mir erzählt, und bei diesen Dachflächen kann ich mir das gut vorstellen. *Mvuwa,* Regen. *Mvuwa inanye sha,* es regnet gerade, wie man auf Swahili sagt. *Mvuwa nsuri sana,* der Regen ist sehr gut, und er wird sehnlich erwartet. Seit ich hier bin, ist es nun das dritte Mal, aber auch nicht gerade heftig. Gestern hat das Internet auf der ganzen Insel seinen Dienst versagt. Ich bin gespannt, ob ich heute dieses Medium bei Hashil nutzen kann. Auch dies wird hier mit Ruhe und ohne Aufregung hingenommen, was nicht geht, das geht halt nicht. Wenn ich mir vorstelle, welche Aufregung das bei uns verursachen würde, dann stelle ich wieder fest: hier ist eine andere Welt. Immer öfter spricht man mich an, wo ich denn hier wohne. Die meisten Touristen halten mich sowieso für einen *Zanzibari,* weil ich Swahili kommuniziere und mittlerweile auch ganz schön gebräunt bin. Meine vielen Bekannten und Freunde, welche ich inzwischen habe, grüßen mich freudestrahlend und mit wachsendem Respekt. Auf den Straßen und in den Gassen gab man mir viele Namen: *Bwana Musiki,* der Herr Musiker, *Rafiki Ujerumani,* der Freund aus Deutschland, *Simba Ujerumani,* der Löwe aus Deutschland. Zu diesem Namen kam ich bei der Verladeaktion. Immer öfter werde ich jetzt auch *Babu* genannt, was so viel heißt wie „großer Vater" oder „erfahrener

Vater," aber nicht wie in unserem sprachlichen Sinne „Großvater," vor allem von denjenigen meiner Freunde, die in den Lokalen arbeiten, die ich ja des Öfteren besuche. *Baba* heißt Vater, *Kaka* heißt großer Bruder.

Die Sonne scheint jetzt wieder und leckt in atemberaubender Geschwindigkeit die Feuchtigkeit von der Terrasse. Ich mache mich auf zu Hashil. Mal gucken, ob es wieder geht, das Internet. *Badaj* ... aber es geht noch nicht! Was soll's. Ich mache mich auf ins Livingstone, auf ein Bier&Sprite jetzt am frühen Nachmittag. Einige Beachboys suchen auch den Kontakt mit mir. Einige kommen auch hierher, wenn Disco oder Live Musik ist. Gestern Abend spielten hier die Big Five, eine echt sehr gute Combo, besetzt mit „alten Hasen," erfahrenen Musikern. Mittlerweile habe ich einen großen Freundeskreis an Musikern und werde immer persönlich begrüßt. Es gefällt ihnen, dass ich fast kein Lied beim Tanzen auslasse und meist einer der Ersten auf der Tanzfläche bin. Es gibt dann übrigens auch einige „Dance Performances" mit den „Beachboys," die von den meisten Europäern sehr verhalten begutachtet werden. Es herrscht eine ausgelassene Fröhlichkeit und es macht mir riesigen Spaß, daran teilzuhaben. Von halb elf bis zwei Uhr spielen die Musiker ohne Pause. Der Sound ist richtig klasse! So mancher Beachboy hat schon lange vor mir schlapp gemacht, das hat mir ihren großen Respekt verschafft. Ich tanze bis zum Schluss und bin dann wirklich tropfnass. Wenn ich meine Kleidung auswringe, tropft der Schweiß! Mittlerweile gebe ich den Boys Unterricht darin, wie man schöne Komplimente an deutsche Frauen macht. Sie haben mich darum gebeten und sind äußerst wissbegierig, dieses Anliegen betreffend. Die Übung der richtigen Aussprache und Betonung amüsiert uns alle köstlich. Manchmal geben sie nachmittags regelrechte Vorstellungen ihrer athletischen Künste, direkt hier am Strand vor dem Livingstone, wenn ein paar Mädels da sind für die es sich vielleicht lohnt. Und die Jungs verdienen echt Respekt: fünf Flickflacks den Strand hinunter – die oft mit einem doppelten Salto und anschließendem Hechtsprung ins Wasser enden. Das ist eine wahrlich anmutig aussehende Meisterleistung. Mancher Turntrainer bei uns wäre begeistert davon. Diese Darbietungen werden mit viel Applaus begleitet und mit den anfeuernden Rufen der Mädels wächst die Bereitschaft zu immer neuen Höchstleistungen. Ein schön anzusehendes „Balzverhalten" mit sehr hohem Unterhaltungswert. Diese Jungs protzen nicht mit Autospoilern und Breitreifen. Das wäre hier auch völlig unangebracht. Sie trainieren hart für ihre Vorstellung, wie ich des Öfteren schon beobachtet habe. Deshalb gönne ich ihnen von Herzen ihre schönen Eroberungen am Strand.

Nachmittags um halb fünf dann wieder eine Verabredung mit der *Baba Tatu Band.* Wir trafen uns wie gewohnt im „Studio Salome," einem ebenso fantastischen wie geschichtsträchtigen Ort. Aufnahmen machte ich heute nur von den Dreien, ohne meine Percussion. Ein kleines Publikum war auch da, denn es hat sich herumgesprochen, dass ein *Mzungu Ujerumany,* ein Weißer, ein Deutscher, mit den Anderen zusammen Musik macht und dieses aufnimmt. Abass, der Trompeter, instruierte die Zuhörer, sich leise zu verhalten, was auch gut klappte. Nach den Aufnahmen wurde das Publikum dafür mit einer Extra-Zugabe belohnt. Abseits vom Publikum informierte ich Juma, Abass und Bucha über meinen Plan, sie nach Deutschland zu holen, sowie über den Stand der Dinge zur Organisation meiner Ausstellung. Alle drei Musiker waren begeistert von der Idee und hätten im Juli auch Zeit, zu mir zu kommen. Ich lud sie ein, in dieser Zeit bei mir zu wohnen. Ich verfüge über eine eigene Anlage. Ich bin von hier aus dabei, Auftritte zu organisieren, was momentan nicht so einfach ist, wegen der seit zwei Tagen schon anhaltenden Unterbrechung der Internetverbindung. Die Flüge sind derzeit um einiges teurer, aber nach einer groben Kostenschätzung liegt meines Erachtens diese Aktion mit 7000 Euro durchaus im Rahmen des Realisierbaren. Wenn ich von hier aus vier Auftritte organisieren kann, dann dürfte es zuhause auch möglich sein, noch einiges an Land zu ziehen. Diese Musik wird beim Publikum ankommen, dessen bin ich mir sicher. Es ist ganz anders als alles, was bei uns an afrikanischer Musik bekannt ist. Diese Musiker sind, jeder für sich, Originale, welche die Ruhe und das Lächeln Sansibars ausstrahlen. Natürlich habe ich immer wieder betont, dass dies nun noch kein festes Engagement sein kann, und wenn es zu dieser Zeit im Juli noch nicht klappt, dann halt einfach später. Meine Freunde hatten volles Verständnis dafür, mit dem *Tabasamu la ki Zanzibari,* dem Lächeln von Sansibar auf den Lippen. Wir verabschiedeten uns voneinander und verabredeten einen erneuten Aufnahmetermin, dieses Mal mit Percussion, für den morgigen Sonntag. Gleiche Zeit – gleicher Ort. *Kwaheri ...a kesho,* auf Wiedersehen... bis morgen.

Die Fahrt mit dem Dala Dala, einem offenen oder manchmal auch geschlossenen Kleinbus ist jeweils ein Erlebnis für sich. Die Ruinen des Salome Palastes sind etwa acht Kilometer entfernt, was gute drei Stunden Fußweg hin und zurück bedeuten würde. Bisher bin ich wahrlich schon genug gelaufen hier auf meinen Sansibar-Erkundungsgängen. 500 Kilometer habe ich schätzungsweise schon hinter mir und in den letzten Tagen hatte ich abends leicht geschwollene Füße, sodass ich beschloss, ab und zu einen Dala Dala zu benutzen und – wie schon erwähnt – jede Fahr ist ein Abenteuer für sich. Die offenen Dala Dala sind überdacht und haben auf der Ladefläche eine Rundum-Sitzbank. Aber wenn man denkt, es ist kein Platz mehr – weit gefehlt! Wenn 20 Leute die Bank füllen, dann passen immer noch eine, zwei oder drei Personen dazwischen. Man rückt zusammen und die Unebenheiten der Straße leisten ihren Beitrag, dass sich noch jeder Hintern zwischen die beiden Nachbarhintern langsam bis auf die Bank hinunter ruckelt. *Sawa sawa,* es geht, es geht! Eng aufeinander sitzend, ob alter Mann oder junges Mädchen. Es gibt keine Berührungsängste. Wenn ich darüber nachdenke, dass in unserer Gesellschaft die Abstände und Berührungsängste immer größer werden, dann ist es richtig wohltuend, manchmal so aufeinander zu sitzen. In völliger Normalität. Der Kassier und Besetzungsorganisator fährt hinten auf dem Trittbrett mit. Mit dem Fahrer wird mithilfe einer Münze kommuniziert, welche mit einem Doppelklick auf eine Metallstrebe ein deutlich wahrnehmbares Signal überträgt – ohne Worte! Bei mehreren Klickern hält der Fahrer gleich an, denn da hat der Organisator noch einen Mitfahrer entdeckt – und einer wird ja wohl noch reinpassen … In der Mitte ist ja auch noch Platz, und irgendwann steigt ja auch mal wieder jemand aus. Niemand beklagt sich. Das möchte ich bei uns einmal erleben. Mit meinen Trommeln und einer Umhängetasche für meine Aufnahmeutensilien erfordert es des Öfteren eine turnerische Leistung, aus dem voll besetzten Dala Dala aussteigen zu können. Aber jeder hilft mit, die Trommeln werden mit einem Lächeln weitergereicht und jeder hilft halt mit, so gut es geht.

Menschen in einer so großen Gemeinschaft und in so großer Unterschiedlichkeit gehen unabhängig von ihrem Glauben respektvoll miteinander um. *Asante mungu,* ich danke Gott, für diese wertvolle Erfahrung, die ich machen darf. Acht Kilometer kosten übrigens 400 Tsh, das sind 20 Cent. Nach meiner Aufnahmeaktion hatte ich mich mit meinem Freund *Ndugu Massai,* Bruder Massai, an seinem Geschäft verabredet. Wir kennen uns ja nun auch schon seit ich da bin, denn mehrmals täglich laufe ich an seinem Verkaufsraum vorbei. Unser Zusammensein wird immer lustiger und ungezwungener. Oft bin ich bei ihm und tue dann so, als ob ich jede Menge bei ihm kaufen würde, wenn wir sehen, dass Touristen im Anmarsch sind. Und diese Taktik wirkt tatsächlich sehr gut. *Ndugu Massai* freut sich immer sehr, wenn ich aufkreuze. Wenn kein Tourist in Sichtweite ist, dann machen wir unsere Scherze mit den Einheimischen. Er ist ein wahrlich lustiger Massai. Von ihm erfahre ich viel über seine Kultur. Ich würde ihn nicht gerade als dick bezeichnen, aber für einen Massai ist er der „Stärkste," den ich kennen gelernt habe. „Na ja, ich bewege mich halt auch zu wenig und einen in der Familie trifft eben dieses Schicksal" bemerkte er lachend auf meine Frage, warum er relativ wohlbeleibt sei. Die anderen seines Stammes aus Arusha, vom Festland, ziehen ständig auf der Insel zu Fuß hin und her, auf der Suche nach Touristen, die Fotos mit Massai gut bezahlen. „Ich muss da bleiben, ich kann ja mein Geschäft nicht alleine lassen. Es einfach an einen anderen weitergeben geht nicht ohne weiteres. Man muss zumindest Englisch sprechen können und oft sprechen die Angehörigen seines Stammes vom Festland nicht einmal richtig Swahili." Eine einleuchtende Erklärung für einige Massai-Kilogramm mehr als üblich. *Ndugu Massai* hat mich zum Essen eingeladen, bei Maria, einem Einheimischen-Restaurant, das den Touristen verborgen bleibt. Man muss ihn erst einmal finden, diesen unscheinbaren Eingang ohne irgendeinen Hinweis. Ins Unterfränkische übersetzt würde ich sagen: das ist eine Heckenwirtschaft, eine Teilzeit-Gastronomie ohne äußeres Erkennungszeichen. Die Portion ist wahrlich sättigend: ein Teller voller Reis, eine Schale mit richtig guter Bohnensuppe, eine Schüssel mit Fleisch und Soße. Bei uns würde man das als Gulasch bezeichnen, dazu noch Gemüse. Es schmeckt ausgezeichnet und kostet gerade einmal 2000 Tsh, einen Euro. „Ich gehe oft hierher zum Essen," bemerkte mein Massai-Freund. „Hier treffe ich auch viele Freunde aus Arusha." Jetzt waren mir die Zusatzkilos klar. In der Hälfte der Zeit, die ich brauchte, um mir meine Portion einzuverleiben, saß er breit grinsend da und machte seine Scherze mit Maria und der jungen Köchin. Als wir das zweite Mal zusammen dort einkehrten, fragte ich meinen Freund vorher, ob es in Ordnung sei, wenn ich mir ein Bier zum Essen mitnehme. *Akuna Matata,* kein Problem. „Maria liebt Bier!" bemerkte er. Also besorgte ich zwei Flaschen *Kilimanjaro.* Vor unserem gemeinsamen Mahl überreichte ich der Hausherrin eine Flasche mit dem Trinkspruch „*maisha Marefu,*" langes Leben! Maria war schwer beeindruckt! Mein Bruder Massai genoss sichtlich die Tatsache, dass er einen *Mzungu* in das Restaurant für „Locals" eingeführt hatte. Auf dem Rückweg erklärte er mir, dass sie auf die Frage, wo sie denn das Bier her hätte, geantwortet hat: „das habe ich von meinem Mann, der kommt aus Deutschland!" Die Gäste vom anderen Tisch waren ebenfalls beeindruckt. Jetzt war mir auch klar, warum die anderen Gäste über mich redeten. Wir werden sicherlich noch einige Mahlzeiten bei Maria einnehmen. Es gefällt mir dort.

Nachtwächter, Bettler und andere glückliche Menschen

Wenn ich des Nachts unterwegs bin, nach Hause in meinen „Room No. 0 on top," dann erfordert das eine gewisse Zeit. Nicht etwa, weil ich schwankend unterwegs bin, auch nicht weil ich mich verlaufen würde ... Nein! Weil ich an jeder Ecke einen kleinen Smalltalk mit den Nachtwächtern habe. Die freuen sich, weil ja um diese Zeit ohnehin nichts mehr los ist. Mittlerweile weiß ich sogar, welche Schicht der ein oder andere hat. Es ist schön, mit so vielen „*lala Salama,*" Schlafe in Frieden –Wünschen nach Hause zu gehen. *„Pole ya kazi, kwaheri ndugu yangu, a kesho!"* „Ich habe Respekt vor deiner Arbeit, auf Wiedersehen mein Bruder, bis morgen." Das ist mein Abschiedsgruß an meine „Freunde der Nacht." Ich nehme ihr Lächeln mit, das mit nichts aufzuwiegen ist, und ich sitze und schreibe und will gar nicht mehr anderes können als lächeln. *Tabasamu la ki Zanzibari.*
Wie schon gesagt, unter den vielen Begegnungen, die ich hier hatte, waren auch einige zunächst unangenehme. In den ersten Tagen begegnete mir ein offensichtlich unter Drogen stehender Verkäufer von Bildern, welche er zusammengerollt bei sich trug. Auf seine etwas aufdringlichen Angebote antwortete ich ganz klar mit „Nein Danke!." Aber er folgte mir immer wieder, ließ mich nicht in Ruhe. Abrupt blieb ich stehen und ganz dicht vor seinem Gesicht fragte ich ihn sehr eindringlich: *„Una sikija Kiswahili? - Hapana - Asante sana!"*
„Verstehst du Swahili – Nein – Vielen Dank"! Er blieb wie hypnotisiert stehen, ich drehte mich um und ging weiter. Zwei Tage später wiederholte sich das gleiche Schauspiel. Wiederum Tage später traf ich denselben Mann in der Nähe meines „Internet Büro Hashil." Dieses Mal war es am Tag und er war nüchtern. Er kam auf mich zu und fragte mich, warum ich ihn zweimal beleidigt hätte. „Du hast mich beleidigt," war meine Antwort. „Ich habe in deiner Sprache

einige Male *Asante sana - Hapana* gesagt und du hast es nicht gehört. Deshalb habe ich gefragt, ob du deine Sprache verstehst! Ist das eine Beleidigung?" Er senkte den Blick, dachte nach, reichte mir dann seine Hand zur Entschuldigung. Meinerseits reichte ich ihm ebenfalls die Hand und entschuldigte mich dafür, dass ich in diesem Moment sehr hart gewesen bin. *Umoja*, Einheit – so gingen wir dann auseinander. Wir begegneten uns noch des Öfteren. Wir grüßen uns dann mit *Umoja* - und das kriegt er sogar noch auf die Reihe, wenn er völlig dicht ist. Dieses Beispiel zeigt, dass die Menschen hier keine Feindschaft in sich und mit sich herum tragen wollen. Im Grunde suchen alle eine Harmonie des Miteinanderlebens.

In der Ruhe und in der Geduld liegt eine Kraft, welche viele Menschen in unserer Gesellschaft gar nicht mehr kennen. In der Ruhe liegt das Lächeln ... still vor sich hin. In der Geduld liegt die Weisheit der Ruhe ... das still sein. Gerne würde ich das mitnehmen können, sagen und zeigen: „Seht her," aber es geht nicht. Deshalb versuche ich das in Worte zu fassen, was meine Sinne wahrnehmen, wohl wissend, dass diese nur eine „Krücke" sein können, aber es ist den Versuch wert, zumindest ein wenig davon mitteilen zu können. Ein klein wenig nachzudenken über Ruhe und Geduld. Es nützt nichts, über Dinge und Tatsachen nachzudenken, die man nicht verändern kann. Das ist verschwendete Energie. Aber: Was kannst du bei dir verändern? Das ist die Realität, der man sich stellen sollte. Aufregung über das, was man nicht verändern kann, raubt nur die Kraft. Wer sie aber in seine persönliche Veränderung investiert, schafft es schon eher, zu einer Einheit von sich mit seiner Umwelt zu kommen. Es klingt kompliziert, aber im Grunde ist es einfach. In jeder Sekunde des Lebens kann eine Entscheidung gefällt werden, basierend auf der Erfahrung deines bisherigen Handelns. Und in der nächsten Sekunde schon wieder, und schon wieder ... Überlass die Entscheidung über dein Glück nicht Anderen. Du bist es. Es ist dein Glück.

Glückliche Menschen umgeben mich, obwohl die Wenigsten etwas besitzen in materiellem Sinne. Aber eines haben sie fast alle: Ein Lächeln auf den Lippen, wenn ein neuer Tag beginnt. Der taubstumme Bettler, dem ich nun auch schon einige Male begegnet bin und dem ich meine Hose aus Deutschland überlassen habe – er schenkt dir wahre Freude über das, was du tust. *"Asante Allah,"* danke Allah, sage ich ihm und gebe, wenn ich ihn treffe, 500 Tsh oder auch mal 1000 Tsh, 25 oder 50 Cent. Für mich ist es wenig, für ihn ist es viel. Seine Freude ist unübersehbar und seine Laute sind wie ein Gesang. So kann man aus wenig viel machen. Wahre Freude kann man nur geben und nicht kaufen.

Es war wieder mal ein arbeitsreicher Tag gestern und ich ging früh zu Bett. Jetzt ist es vier Uhr nachts, ich sitze auf meiner Terrasse und schreibe in den Sonnenaufgang hinein. Erfahrungsgemäß ist es für mich besser, jetzt etwas zu arbeiten denn weiterzuschlafen. Wenn ich dann aufwache, bin ich nicht so fit wie jetzt. Bei meinem *Ndugu Massai* habe ich mir die Reifenschuhe gekauft, welche ich seit zwei Tage einlaufe. Diese Dinger sind besser und bequemer als sie aussehen. Reifenrecycling „made in Africa." Es ist dies das typische Schuhwerk der Massai. Sie sind lange haltbar. Massai legen viele Kilometer zu Fuß zurück und das in einer hohen Geschwindigkeit. Als ich einmal zum Flugplatz gelaufen bin, ging ich diese Strecke mit zwei jungen Massai-Kriegern und es war genau die Geschwindigkeit meines „strammen Schrittes." Massai gehen hintereinander, reden nicht und trinken nicht während des Laufens. Sie überbrücken große Distanzen innerhalb kurzer Zeit auf diese Weise. Beide waren sehr erstaunt, dass ich bei ihrer Geschwindigkeit mithalten konnte. *„Simba Mzungu"* nannten sie mich, „weißer Löwe." „Aber nicht, dass ihr mich jetzt tötet," scherzte ich mit den beiden. Ein junger Massai-Krieger wird zum Mann, wenn er einen Löwen tötet mit dem Speer. Als Zeichen dafür wird dann die Kralle des Tieres schmückend gefasst in einer Metallhalterung um den Hals getragen. Sie hatten mich schon in Stonetown gesehen. Beim Busara, dem Musikfestival. Wir verabschiedeten uns freudig voneinander. Als ich die Massai-Schuhe bei meinem Freund erstand, stellte er lachend fest: „Jetzt musst du noch einen Löwen töten, mit dem Speer, dann bist du ein Massai. Die Schuhe hast du ja jetzt schon." Es gefällt mir immer besser mit meinem *Ndugu Massai* zusammen zu sein. Einmal wollte ich ihn auf ein Bier einladen, was er jedoch dankend abgelehnt hat. „Ich habe bis jetzt noch nie ein Bier getrunken und weiß nicht, wie das wirkt. Also besser nicht. Aber vielleicht mache ich das einmal. Und wenn, dann am besten mit dir. Du wirst auf mich acht geben, ich vertraue dir!" Das erstaunte mich sehr. Er war 33 Jahre alt und hat noch nie in seinem Leben einen Tropfen Alkohol getrunken. Ich glaube, das ist wahrlich eine Seltenheit, und sein Vertrauen in dieser Sache ehrt mich. „Wenn ich wieder komme, dann bringe ich dir ein Bier aus Deutschland mit. Das werden wir dann zusammen trinken und ich werde acht geben auf dich," versprach ich ihm. Lächelnd reichte er mir seine Hand, um diese Vereinbarung zu besiegeln. „Ja mein Freund, so werden wir es machen. *In Shallah* - wenn das Schicksal es so will." Ich entschloss, mir einen Gitarrengurt im schmuckvollen Massai-Stil machen zu lassen, um immer eine Erinnerung an ihn zu haben.

Mama Massai, die fränkische Seele und mein schwarzes Gen

Wir verabredeten ein Treffen mit *Mama Massai*, wie sie liebevoll von allen Massai hier auf der Insel genannt wurde. Sie war Spezialistin in der Herstellung traditionellen Schmuckes. Ich machte eine kleine Skizze auf einer braunen Papiertüte mit der Angabe der Originalbreite und einer Schnur als Längenmaß. Eine Deutschlandflagge am Anfang und am Ende, dazwischen sollte ein traditionelles Massai-Muster sein, um die Freundschaft ihres Stammes mit Deutschland zu symbolisieren. *Mama Massai* war höchst angetan von dieser Idee. Mein Freund dolmetschte, da *Mama Massai* ausschließlich ihre Stammessprache nutzte und bis auf wenige Worte des Swahili nicht mächtig war. Mein Freund begann die Übersetzung immer mit den Worten: „Mama says ..." Wir einigten uns nach einigem Hin- und Herverhandeln über die Herstellungsweise: entweder in Metallfäden oder in stabilen Stofffäden und die Lederdicke auf einen Preis von 50000 Tsh, also 25 Euro. Für hiesige Verhältnisse ein stolzer Preis. Jedoch war ich mir sicher, dass dieser Gurt einmalig sein würde und dass es sehr viel Arbeit ist, dieses Schmuckstück aus lauter winzigen Perlen herzustellen. Am Ende waren wir alle drei zufrieden mit unserer Einigung und umarmten uns glücklich. „Sie hat schon viel von dir gehört," übersetzte mir mein Freund. „Und ich freue mich, unsere Verbundenheit in Deutschland von nun an zeigen zu können, überall und immer, wenn ich Gitarre spiele, werde ich euren Geist in mir tragen!" ließ ich meinen Freund übersetzen. Ich zahlte 10000 Tsh an und wir vereinbarten zehn Tage bis zur Fertigstellung. Ehrfürchtig nahm *Mama Massai* am Schluss, bevor wir uns verabschiedeten, noch meine Gitarre in ihre Hände, um auch eine „Fühlung zum Musikinstrument" zu haben, wie mir mein Freund ihre Worte, die sie dabei sprach, erklärte. Ich war beeindruckt von dieser Zeremonie und freute mich von dieser Zeremonie und freute mich richtig auf dieses Schmuckstück. Anschließend lud ich meinen *Ndugu Massai* zum Essen ein, zu Maria. „Mama isst bei ihren Kindern, sie geht einen anderen Weg," übersetzte mir mein Freund. „Sie bittet dich um Verständnis dafür, dass sie deine Einladung heute nicht annehmen kann!" „Das verstehe ich und respektiere es" antwortete ich. Noch einmal in Umarmung verabschiedeten wir uns voneinander. *Mama Massai*, ich werde bestimmt oft an sie denken, so wie an *Mama Bi Kidude*. Diese alten Frauen haben eine ganz besondere Ausstrahlung, für die man schwerlich Worte finden kann. Güte, Ruhe und Weisheit können nur ein Versuch sein, diese Aura zu beschreiben. Ehrfurcht erfüllt mich im Erleben solcher Begegnungen.

Afrika gibt mir eine große innere Kraft wieder, die lange Zeit verborgen war. Ich ahnte, dass diese Reise ein Schlüssel sein würde, meine Energie wieder in die richtige Bahn lenken zu können. Und so ist es auch, wie ich immer wieder feststelle. Zu keiner Zeit in den letzten Jahren war ich so aktiv und hatte so viel Freude an meinem Tun wie in diesen letzten Wochen seit meiner Ankunft auf dem afrikanischen Kontinent. Das „schwarze Gen" in mir ist wieder auferstanden und führt mich kontinuierlich von einer Aktion zur anderen, erfüllt mich mit Begegnungen und Erlebnissen, die meinen Weg säumen wie die Wellen, wenn sie sanft den Strand streicheln.

Bei einem Spaziergang in der Nacht hatte ich ein besonders beeindruckendes Erlebnis. Auf einer Strecke von einigen hundert Metern waren am Sandstrand tausende von kleinen Lichtern, welche mit jeder Welle an das Ufer gespült wurden. Neugierig und fasziniert beobachtete ich dieses Phänomen. So etwas hatte ich noch nie gesehen. Es schien sich um winzig kleine Leuchtalgen zu handeln, die ähnlich unseren heimischen Glühwürmchen die Eigenschaft hatten, fluoreszierend leuchten zu können. Manche blinkten regelrecht und manche wiederum waren Dauerleuchter. Das sanfte Spiel der Wellen mit Tausenden, ja Millionen von Lichtern auf den Kämmen, die sanft an Land strichen. Ich konnte mich gar nicht satt sehen daran und es bestätigte mir meine Überzeugung wieder: wir leben in einem Paradies. *Asante mungu.* Stundenlang verfolgte ich dieses Schauspiel und ich habe gebetet, ich habe mich ehrfürchtig bedankt dafür, dies erleben zu dürfen. Licht erstrahlt hinter der gewaltigen Wolkenkulisse – es dämmert – und schnell wird es hell hier, ganz in der Nähe des Äquators. Es dauert nur einige Minuten. Ein glühendes Rot wandelt sich in ein leuchtendes Blau. Die Konturen der Wolken erstrahlen. Es ist einfach unbeschreiblich schön, unser Paradies. Langsam erwacht das

Leben des Tages um mich, die ersten kommen die Treppe herauf, um das Frühstück zu richten. *"Jambo, habari asubuhi?"* hallo, wie geht es dir am Morgen?," begrüße ich sie. *"Salama,"* guten Tag in Frieden," antworten sie noch etwas verschlafen, schon das erste Lächeln des Tages auf den Lippen. Der glühende Sonnenball strahlt durch die Wolken. Gleich gibt es Frühstück. Langsam – *pole pole* – beginnt der Tag. In Ruhe und Frieden.

Türen öffnen sich

Gestern hat Hashil das Programm Power-Point für meine Ausstellung am 30. März im Livingstone installiert und nach einigen Umsteckaktionen bei den Gerätschaften lief es letztendlich. Ich bin begeistert und alle waren zufrieden. Norbert, der Manager war auch sehr beeindruckt vom fachmännischen Wissen Hashils und beauftragte ihn sogleich mit der Gestaltung seiner Internetseite. Es ist schön, Kontakte zu knüpfen und diese guten Gewissens weiterempfehlen zu können. Hashil ist wie ich meine, die Kapazität auf der Insel, Computerdinge betreffend, und ich bin richtig froh, ihn getroffen zu haben. Es ist wie so oft eine Fügung des Schicksals. So wie mein Kontakt zu Oesi in unserer Heimat eine Fügung des Schicksals ist. Niemals hätte ich mir träumen lassen, dass so etwas über die Hälfte des Erdballes hinweg möglich ist und ich wünschte mir Oesi und Hashil könnten sich einmal persönlich kennen lernen. Sie hätten bestimmt einiges zu „fachsimpeln," die beiden Könner ihres Faches. Sie würden sich bestimmt auf Anhieb mögen, da bin ich mir sicher. Hashil hat mir auch angeboten, sein Büro zu nutzen wann immer nötig, selbst wenn er nicht da ist. „Mein Büro ist dein Büro hier auf der Insel!" Dieses Angebot erfüllt mich mit Freude und Stolz zugleich. Wir vertrauen einander und dieses Vertrauen ist in vergleichsweise kurzer Zeit gewachsen. Es ist eine wunderbare Zusammenarbeit. Er wird sich auch persönlich darum kümmern, dass alles bei der Ausstellung so läuft wie geplant, das hat er mir versichert. Ein beruhigendes Gefühl. Diese Ausstellung wird eine spannende Geschichte werden, dessen bin ich mir sicher. Heute haben wir den 17. dieses Monats, wie ich mir auf Nachfrage habe versichern lassen. In zwei Wochen ist es schon soweit und ich freue mich, Danke sagen zu dürfen auf meine Art und Weise. Danke für das *Tabasamu la ki Zanzibari*, das Lächeln Zanzibars, welches mein Herz erfüllt. Um neun Uhr werde ich abgeholt, da mich der örtliche Bürgermeister sprechen will, hat mir gerade ein Angestellter eröffnet. Ich bin gespannt auf diesen Termin, weil er vom Bürgermeister selbst kommt und ich nicht vorgesprochen habe bisher. Jetzt werde ich noch duschen und frühstücken und ein wiederum interessanter Tag wird mich erwarten.

Zurück vom Termin bei Mohammed J. Mugheiry sitze ich nun auf der Aussichtsterrasse vom Afrika House mit einem wunderschönen Meerblick und gönne mir jetzt das erste kühle Bier des Tages. Der Bürgermeister erklärte mir, dass er mich nun schon oft gesehen hätte, in der Musikakademie, in Stonetown und überall sei ich anzutreffen. Ich kannte ihn auch schon vom Sehen, habe ihn auch oft gegrüßt mit *Shikamo,* ohne zu wissen, dass er die höchste Amtsperson hier ist. Er war auch einer der Gäste beim Auftritt auf der offenen Bühne der Akademie. Zunächst dachte er, ich wäre wegen des Musikfestivals Busara hier, „aber das ist ja nun schon seit über einem Monat vorbei," eröffnete er mir, der ältere freundliche Herr. Von vielen älteren Freunden habe er auch erfahren, dass ich alle sehr respektvoll grüßen würde. Nun wollte er mich einmal persönlich kennen lernen. Und was denn meine Intention für meinen Aufenthalt in Sansibar sei? Ich stellte mich ihm vor, lud ihn gleich mit einer speziellen Farbkarten-Ausführung für Ehrengäste zu meiner Ausstellung ein. Dann fragte er mich gleich, ob ich diese Karte in Deutschland gemacht hätte? „Nein, alles ist hier gemacht. Vor Ort in Stonetown!" Als ich nach Sansibar kam, hatte ich keinerlei Plan, dass ich hier nun eine Ausstellung machen werde, es soll meinen Dank an Sansibar ausdrücken, an das Lächeln, das mir jeden Tag begegnet, an den Frieden und die Ruhe, die dieser Platz ausstrahlt. Er war sichtlich angetan von meinen Ausführungen und meiner

Erklärung über die technische Realisation der Einladungs-karte. Es handelte sich um einen farbigen Ausdruck auf Fotopapier im Postkarten- Format. „Und das ist alles hier in Stonetown entstanden?," fragte er noch einmal nach. „Ja" antwortete ich ihm und nannte auch namentlich Hashil, der maßgeblich an der technischen Ausführung beteiligt war. Und dass man das Ergebnis am Computer dann auf Fotopapier ausdrucken kann. „I'm surprised" bekannte er offenmütig mit Blick auf seinen Schreibtisch-Computer. „Ich werde wieder nach Sansibar kommen und eine meiner Ideen ist es, junge Talente im Umgang mit der Airbrush-Technik zu schulen. Dieses Verfahren ist hier nahezu unbekannt und ich bin überzeugt davon, dass viel Potenzial vorhanden ist. Ich will etwas zurückgeben für das, was mir Sansibar gibt!" Er verwies mich schließlich auf das Goethe-Institut in Dar Es Salam, mit dem ich diesbezüglich Kontakt aufnehmen sollte. „Wir sind sehr interessiert an einem kulturellen Austausch!," erläuterte er mir und überreichte mir seine Visitenkarte. Wann immer ich Hilfe brauche oder einen Rat suche, seine Türe sei offen für mich und ich könne ihn jederzeit auch ohne Anliegen, einfach auf ein Gespräch, besuchen kommen. „*Karibu tena*," du bist willkommen, jederzeit! Herzlichst wurde ich von ihm verabschiedet und seine beiden Sekretärinnen schlossen sich dem Abschiedsgruß an. Ich trat nach draußen und atmete tief durch. Diese Tür, welche sich mir gerade aufgetan hat, zeigt mir: ich bin auf dem richtigen Weg. Welch beflügelnder Start in diesen neuen Tag! Gedankenversunken lief ich glücklich und zufrieden am Strand entlang. Dieser freundlich lächelnde Mann Mohammed J. Mugheiry, die höchste Autorität in Stonetown, dem Zentrum Sansibars hat mir seine Unterstützung zugesichert! *Tabasamu la ki Zanzibari*, das Lächeln Sansibars zeigt mir einen neuen Weg.

Mercury, Da Silva und meine dänischen Töchter

Gestern abend war „Fullmoon-Party" am Strand im Nungwi, ganz oben im Norden der Insel. Das war der Grund, warum im Livingstone nichts, oder besser gesagt nur wenig los war. Discotime war angesagt und es war „Trafficlight Party." Die Kleidung soll zeigen, wer Kontakt sucht oder nicht! Grün bedeutet „auf Suche," gelb ist für Unentschlossene, rot symbolisiert ein vorhandenes Verhältnis. Das Management hatte sich diese Strategie ausgedacht und bei vielen Veranstaltungen schon Erfolg gehabt damit. Am Konzept des Disco-Events lag es also nicht. Die meisten Nachtschwärmer waren mit eigens eingerichteten Buslinien zur Strandparty gefahren, um bis in den Sonnenaufgang hinein ausgelassen zu feiern, wie man mir versichert hat. Einmal monatlich, am Vollmond eben, fand dieses Ereignis statt, wie mir der DJ erklärte. Er war einer der besten seines Faches auf der Insel und bei zahlreichen vorherigen Abenden, die er musikalisch gestaltete, stellte er auch sein Können unter Beweis. Ich verließ das Flamingo erst kurz nach Mitternacht, die Zeit verging wie im Fluge mit einem interessanten Gespräch. Zwei Münchner Ethnologie-Studentinnen erzählten über ihre Erfahrungen in Tansania und auf Sansibar. Eine angeregte Unterhaltung über Erfahrungen mit der Bevölkerung als auch Reisenden. Ich ließ es mir jedoch nicht nehmen, noch einmal loszuziehen, um das Tanzbein zu schwingen. Das macht Spaß und hält fit. Für mich eine der schönsten Formen der körperlichen Betätigung. Diesmal traf ich den Schweizer Hotelmanager, mit dem ich mich auch schon einige Male unterhalten hatte. Immer wieder einmal sitzen wir bei einem *Kili baridi sana,* einem Kilimanjaro-Lager, schön gekühlt, zu einem Erfahrungsaustausch zusammen. Und: *Kili mbili,* zwei Kilimanjaro in Kurzform, und wechselweise schmeißt mal der Eine, dann der Andere die Runde. Schon lange Zeit ist der 49-jährige weltweit im Gastronomie-Gewerbe unterwegs und hat verschiedenste Projekte initiiert und geleitet, dann an Nachfolger übergeben, wenn der Laden lief. Ein ruhiger und ausgeglichener Zeitgenosse, ein angenehmer Gesprächspartner. Wir unterhielten uns in Deutsch und sein Akzent erinnerte mich an gute Freunde in der Schweiz, welche ich 1986 bei meiner ersten Afrikareise an der Elfenbeinküste getroffen habe. Viele Schweizer, so ist meine Erfahrung, sind meist längere Zeit unterwegs. Für sie ist es kein Problem, den Job mal eine Zeit auszusetzen. Zuhause angekommen, haben sie sofort wieder eine Beschäftigung. Erfahrungen auf einer Reise zu sammeln, wird von den Arbeitgebern eher geschätzt. Das würde ich mir für Deutschland auch wünschen. Die Angst vor dem Verlust des Arbeitsplatzes hält viele davon ab, sich längere Zeit ins Ausland zu begeben. Schade, denn nirgends lernt man mehr als in der Fremde. Nirgendwo sonst erweitert sich der Horizont mehr. Der direkte Kontakt mit anderen Kulturen lehrt Toleranz und Verständnis. Ein Schatz, der materiell gar nicht aufzuwiegen ist. Hier im Mercury's, direkt am Hafen der Personenfähren nach *Dar Es Salam*, sitzt man auf einer Terrasse direkt am Strand. Ein interessanter Platz um ein kühles Bier zu genießen und die Ent- und Belade-Aktionen zu beobachten. Geschäftiges Treiben herrscht auf dem Ladesteg und an der Kaimauer und wie in Sansibar so üblich, alles in gemächlicher Ruhe. Die *Kilimanjaro*, eine der großen Fähren ist gerade ausgelaufen mit Kurs auf das Festland Tansanias. Viele Reisende nehmen hier ihr letztes Bier auf der Insel und warten auf die Abfahrt. Freddy Mercury war hier zuhause und wird auf der Insel von allen sehr verehrt. Viele Plätze tragen seinen Namen – wie auch dieses Strandrestaurant. „Er ist ein Sohn Sansibars," erklärte mir ein Kellner. Sein Weg führte ihn nach Indien und dann nach Großbritannien, wo sein Talent entdeckt wurde. Die größten Erfolge seines Lebens feierte er mit der legendären Rockgruppe Queen, bevor er mit 45 an Aids verstarb. „Wir gruppe Queen, bevor er mit 45 an Aids verstarb. „Wir sind alle stolz auf ihn," fuhr der junge Mann fort. „Er hat viel Ruhm auf unsere Heimatinsel gebracht!" Das, was man überall erfährt und spürt: einen gesunden Stolz der *Zanzibaris*. Wenn man hier auf der Insel die spezielle Form des Islam betrachtet, stellt man fest, dass gewisse Verschleierungsnormen anders gehandhabt werden als in vielen anderen Ländern, die ich bereist habe. Manchmal habe ich das Gefühl, es wird sogar sehr reizvoll damit gespielt. Schmuckvoll gestylt über der schwarzen Grundausstattung sind diese Frauen eine wahre Augenweide. Mit funkelnden Augen lächeln sie dich an, was ich von anderen islamischen Ländern wahrlich nicht berichten kann. Dort ist es überhaupt verboten, einem Mann in die Augen zu sehen. „Wir haben unsere eigenen Gesetze, wir sind in Sansibar," erläuterte mir ein Eingeborener.

Von einigen Einheimischen wurde ich auf den berühmtesten hier lebenden Künstler aufmerksam gemacht: John da Silva, den sollte ich unbedingt einmal kennen lernen, wir würden uns bestimmt gut verstehen. Man zeigte mir sein Haus und bereitwillig wurde mir Einlass gewährt. Wir verstanden uns auf Anhieb prächtig und ich lud ihn als Ehrengast zu meiner Ausstellung ein. Wir tranken einen Schoppen Rotwein und hatten einander viel zu erzählen. Von einem Schlaganfall gesundheitlich in Mitleidenschaft gezogen, war unsere Zusammenkunft nach zwei Stunden intensiven Gespräches zu anstrengend für ihn geworden. Ich spürte, dass seine Konzentration nachließ und wir verabredeten ein weiteres Treffen, „am besten so um fünf Uhr am Nachmittag!" das wäre ihm die liebste Zeit, deutete er mir an. Ich freue mich, diesen eindrucksvoller Mann wieder zu sehen. „Dann werde ich dir über die Geschichte Sansibars erzählen und wenn es mir gut geht, dann werden wir ein Stück zusammen laufen, ich kann dir die Historie der Steine und Hölzer nahe bringen, die uns hier in Stonetown umgeben!" Eine Sprache, die nicht jeder versteht, meinte er, aber er sei sich sicher, ich würde es verstehen! *In Shallah.*

Wieder sitze ich im Mercury's, vor einigen Minuten haben sich meine „drei dänischen Töchter" von mir verabschiedet. Sie haben noch ein Safari-Programm auf dem Festland vor sich, bevor sie wieder in ihre Heimat zurückkehren. Der gestrige Abschiedsabend war eine wundervolle Party. Soeben winken sie mir ein letztes Mal zu und steigen über den Steg auf die Fähre Super Seabus, ein modernes, schnittiges Gefährt. Sie waren kreuz und quer auf der Insel unterwegs und sind immer wieder mal zwischendurch im Flamingo abgestiegen. Einige Male waren wir zusammen unterwegs in Stonetown. Sie sind mir richtig ans Herz gewachsen, meine „drei Töchter" aus Dänemark. Alle so um die 20 Jahre alt und ich bewundere ihre Courage, sich zu dritt auf eine solche Reise zu begeben. Ich bin mir sicher, dass diese jungen Frauen einen Schatz mit nach Hause nehmen werden, dessen Wert sie erst in ihrer Heimat richtig erkennen werden. Wir haben uns liebevoll umarmt und sie nannten mich „Papa." Es ist schön, solchen jungen aufgeschlossenen Menschen zu begegnen. Irgendwie hatte ich einen natürlichen Instinkt, diese Mädels beschützend zu begleiten. Einige Male habe ich potentielle „Bewerber" von ihnen abgewimmelt, was auch anstandslos akzeptiert wurde. Autoritäten werden anerkannt! Bei unserer Party auf dem Rooftop des Flamingo hatte ich einen Song improvisiert für meine Töchter. Auch ein Interview, das ich aufgezeichnet hatte, sorgte für unglaublich viel Erheiterung. Wir haben vereinbart, dass sie die Fotos zu Oesi schicken, sobald sie zuhause sind. Dann werdet ihr sie sehen können, meine drei hübschen Töchter, die ich alle auf einmal bekommen habe, wie wir lachend festgestellt haben. Viele junge Frauen aus den skandinavischen Ländern sind hier anzutreffen, mehr als Männer. Einige Male habe ich bemerkt, dass die jungen Skandinavierinnen mutiger sind als ihre männlichen Lands-leute, was meine drei Mädels strahlend als Kompliment hin-nahmen.

Die Fähre legt ab, winkend und Kusshände werfend, stehen meine Lieblinge an der Reeling. Nach dem Ablege-Manöver entfernt sich der riesige Katamaran mit hoher Geschwindig-keit mit Kurs auf *Dar Es Salam*. Ich fühle, dass auch sie Tränen in den Augen haben, wie ich. Wir werden uns wie-der begegnen, irgendwie spüre ich das. Einen langen, wei-ßen Schweif hinter sich herziehend, verschwindet das Schiff am Horizont. *Safari njema*, gute Reise!

Der Respekt der Religionen

Sansibar ist ein kleiner Kontinent für sich. Das „Mainland", der Kontinent, obwohl geografisch nicht weit entfernt, ist eine andere Welt. „Diese Insel ist nicht Afrika, wir sind Sansibar," das war die Aussage einer Tour-Managerin, die stolz ihre Herkunft immer wieder betonte. Als ich am Sonntag in der Kirche Sankt Joseph um neun Uhr morgens am Gottesdienst teilgenommen habe, hat mich das wieder sehr ergriffen. Der Einzug des singenden Chores am Anfang der Eucharistiefeier füllt das historisch bemalte Kirchengebäude mit einer unbeschreiblichen Energie. Es ist ergreifend schön. Eine elektrische Orgel begleitet dann dezent den Chor, wenn er vorne im Kirchenschiff angekommen ist. Im Wesentlichen ist der Ablauf des Gottesdienstes gleich wie bei uns, aber warum auch immer, irgendetwas läuft hier anders. Viele kommen eine viertel, manchmal sogar eine halbe Stunde später, was von niemandem groß beachtet wird. Es wird schon einen Grund geben, warum das so ist und das wird ganz einfach toleriert. Noch nie habe ich bei uns auch eine Predigt erlebt, bei der gelacht wird, aber hier gehört es einfach zum Leben dazu. Das Innere der Kirche ist liebevoll bemalt und marmorierte Säulen geben dem Kirchenschiff eine Ehrfurcht erweckende Erhabenheit. Auch die Katholiken hier haben einen eigenen Stil! Als der Gottesdienst zu Ende war und alle hinaus auf den Vorplatz der Kirche traten, zog eine Militärblaskapelle mit mächtigem Tam Tam vorbei. Es folgten islamische Ehrenmänner in weißen Gewändern und mit goldenen Kopfbedeckungen. Irgendein 100-jähriges Jubiläum wurde gefeiert, wie ich anhand der vielen Flaggen und einiger Transparente bemerken konnte. Man winkte sich zu und ich dachte mir, die Welt unserer Religionen sollte sich ein Beispiel nehmen an dieser kleinen Insel. Respekt und Toleranz sind in dieser Gesellschaft verankert wie ich es nirgendwo sonst erleben durfte. Meine Liebe zu Sansibar vertieft sich immer mehr. Bevor ich das Flamingo Guesthouse zum Gottesdienst verließ, besuchte mich der Bürgermeister von Stonetown auf meiner Terrasse im vierten Stock. Er wollte zusammen mit mir das Frühstück einnehmen. Ich hatte jedoch schon mein Morgenmahl hinter mir und verabschiedete mich nach einer kurzen Unterhaltung und einem Rundgang auf der Terrasse. Ich zeigte ihm, was mich am ersten Tag meiner Ankunft am allermeisten an meiner Aussicht beeindruckt hat: die Kirche neben einer Moschee – und inmitten der Satelliten-Empfänger, der wie ein Zeichen der Gemeinsamkeit der Religionen in den Himmel ragt. Schmunzelnd bemerkte er: „So soll es auch sein und das ist nicht der einzige Platz in Stonetown, an dem das so ist." Ich zollte nochmals meinen Respekt und bat ihn um Verständnis dafür, dass ich mich auf den Weg zur Kirche mache. *„Hakuna matata, karibu tena,"* kein Problem, du bist willkommen, antwortete mir der schlicht gekleidete Herr. Anscheinend hatte ich bei ihm einen gewissen Eindruck hinterlassen, warum hätte er mich sonst besucht, um zu sehen, wie ich denn wohne, hier in Stonetown. Die Angestellten vom Flamingo richteten das Frühstück für den hohen Besuch und nahmen gemeinsam am Tisch Platz. „Du hast die besten Freunde in Stonetown," gaben sie mir zu erkennen, als ich nach dem Gottesdienst wieder zurückkam. „Es war eine große Ehre auch für uns, dieser überraschende Besuch am Sonntagmorgen!" Sie bedankten sich dafür, dass ich nun schon so lange bei ihnen wohne und dass solche Ehrengäste den Kontakt zu mir suchen. „Ihr seid meine Familie hier in Sansibar, und ich komme gerne zu euch nach Hause!," war meine Antwort. *„Nita ruti, Mungu akipend,"* ich werde wiederkommen, wenn Gott es will – und ich habe Tränen in den Augen, wenn ich dies nun niederschreibe. *„Karibu tena, Babu"* – du bist willkommen, großer Vater – lächelnd streckten sie mir ihre Hand entgegen. Ich bin glücklich, dies alles erleben zu dürfen. Niemals hätte ich gedacht, dass ich ein Buch schreiben würde. Mittlerweile ist es ein inneres Bedürfnis geworden, meine Erlebnisse auf diese Art ein wenig mit anderen teilen zu können. *Asante mungu.*

Bei Topico, meinem *Ndugu Massai* habe ich heute Original Massai Messer erstanden. Diese kommen aus *Arusha* und werden auch von meinen Leuten hergestellt und benutzt, das ist keine Fälschung für Touristen. „Die sind echt," wie er mir versichert und ich habe keinen Grund, daran zu zweifeln. Ich verhandle auch nicht den Preis mit ihm. Er macht mir den besten Preis, den er mir geben kann. Ich vertraue ihm, er vertraut mir und überlässt mir manchmal die Herrschaft über seinen Laden, wenn er einmal etwas besorgen geht. *„Mingi Shillingi hapa,"* viel Geld ist hier, begrüße ich ihn dann immer wieder. *„Wasungu mingi sana hapa,"* viele Weiße waren da," was jedes mal Gelächter auslöst. Es ist eine Freundschaft, die mittlerweile über sieben Wochen lang gewachsen ist. Am Nachmittag habe ich ihm ein paar kleine Stücke Oktopus mitgebracht, solche Snacks nimmt man so im Vorbeigehen an den kleinen Verkaufstischen für 500 Tsh mit. Mit einem Zahnstocher sucht man sich die fünf besten Stücke aus, legt sie auf ein Stück Zeitung und würzt das Ganze nach Belieben mit Salz und *Piri Piri.* „Oh, danke schön, aber ich esse keinen Fisch!," sagte mein Massai-Freund mit bedauernder Miene. „Noch nie in meinem Leben habe ich Fisch gegessen," gestand er mir. Voller unmissverständlicher Gestik deutete er mir an, dass er sich dann übergeben müsste und zusätzlich noch Durchfall bekäme. „In unserer Kultur gibt es nur Fleisch von der Kuh, von der Ziege oder von wilden Tieren," erklärte er mir. „Wir trinken Milch und Blut, das wir auch vermischen." Bloody Mary – wie wir lachend feststellten. Er erstaunt mich immer wieder, mein Freund Topico, was in seiner Stammessprache so viel bedeutet wie „der Gipfel des Berges." Sein christlicher Name sei Mathew, der Name eines Apostels. Wie ich ihn denn nennen solle, habe ich ihn schon vor einiger Zeit gefragt. „Topico," antwortete er mir, „so nennen mich meine Familie und meine guten Freunde. Du bist jetzt auch einer von ihnen, du bist in meinem Herzen!" Unsere gute Freundschaft hat sich unter den hier lebenden Massai schon herumgesprochen. Der *Simba Mzungu* und Topico, ein lustiges Gespann sind wir beide, wenn wir durch die Gassen von Stonetown ziehen und ständig etwas finden, worüber wir uns amüsieren. Mit *Supai,* was in der Sprache der Massai so viel heißt wie „hallo," begrüßen wir uns. *Ipe* ist die Antwort auf diesen Gruß, gut. *Olesere,* wir werden uns wieder sehen, ist der Abschiedsgruß. Bevor ich nach Äthiopien fliege, werde ich noch einiges bei meinem Freund einkaufen. Für den kleinen „Afrikanischen Markt" bei der Veranstaltung am 20. Mai in Haßfurt. Topico ist ein richtig lustiger Zeitgenosse, oft bin ich tagsüber einige Male bei ihm, auf einen kleinen Plausch, auf ein herzliches Lachen miteinander. Irgendwie erinnert mich seine Art ein wenig an meinen Schwager Dieter und an meinen Neffen Michael, mit den beiden kann man auch über vieles lachen. Ihnen würde Sansibar auch gefallen, da bin ich mir sicher. „Wunderbar – ein Traum!" – das sind die Worte meines Schwagers Dieter, die mittlerweile das Motto unserer Familienwanderungen bei uns zu Hause in Franken geworden sind. Bei der nächsten werde ich viel zu erzählen haben. *In Shallah* – wenn das Schicksal es so will. Dieser Zusatz ist immer mit dabei, wenn eine Verabredung getroffen wird, oder ein Ziel formuliert wird – das gefällt mir. Voller Demut wird das Schicksal in die Hände einer höheren Macht gelegt, egal ob Christ oder Muslim. Ob wir diese Macht nun Gott oder Allah nennen, „das ist doch gleich," habe ich nun schon viele Leute sagen hören. „Wir akzeptieren uns und achten einander."

Diese grundsätzliche Aussage wird im täglichen Umgang untereinander deutlich und ist keine so dahergesagte Phrase: Es ist die Realität.

Vor unserer Party gestern saß ich wieder einmal mit Thomas, dem Schweizer Hotelmanager zusammen im Livingstone. Wir schätzen uns beide sehr und unsere Gespräche gehen immer tiefer. Ein sehr gebildeter und aufgeschlossener Mensch, der viel aus seinem Leben, aus seinem Erfahrungsschatz berichten kann. Vieles auf unserem Lebensweg haben wir an Gemeinsamkeiten, wie wir beide feststellen. Jemand, der sich sehr intensiv mit Spiritualität und Realität auseinander setzt. Wir diskutieren auch die täglichen Nachrichten aus den arabischen Ländern, dem Angriff auf Libyen. Beide genießen wir die Zeit, die wir miteinander verbringen können. Seit zehn Jahren ist Thomas in Afrika. Unter anderem hat er auch ein Waisenhaus in Kenia auf den Weg gebracht. Ich habe große Bewunderung für diesen Mann.

Ein junger Mann, den ich nun schon seit meinen ersten Tagen hier in Stonetown kenne, sagte vor kurzem zu mir: „Das ist deine Heimat, du wirst wieder bei uns sein, ich spüre das, so wie du das spürst! Wir lieben dich, weil du uns respektierst und ein Teil unserer Gesellschaft geworden bist!" Das sind Aussagen, die mir tief in die Seele gehen. Es zeigt mir immer wieder, dass man selbst derjenige ist, der den Samen pflanzt, aus dem dann das Leben und die Beziehung wächst. Öffnest du dein Herz, dann werden dir andere Menschen ihr Herz schenken. Säst du Misstrauen und Hochmut, so wirst du dies ernten. Alles, was dir in deinem Leben begegnet, auch wenn es Ungerechtigkeiten sind, ist notwendig, um daran wachsen zu können. Das Naturgesetz der Polarität von Plus und Minus – wie ich mit Thomas des Öfteren diskutiert habe. Erst gestern, als ich beim Geldautomaten der Barclays Bank Geld abgehoben habe, hatte ich die erste öffentliche

Aggression auf einem Taxiparkplatz erlebt. Ein junger Mann mit einer Eisenstange bewaffnet, fuchtelte lauthals schreiend damit herum. Schnell bildete sich ein Kreis um den Übeltäter. Sekunden später schritt der mit einer Kalaschnikow bewaffnete Sicherheitsmann der Barkleys Bank ein. Er sprintete die etwa 50 Meter und trat entschlossen in den Kreis der sich um den Tobenden gebildet hatte und schlug ihn mit dem Gewehrkolben nieder, entwaffnete ihn und trieb ich mit ständigen Tritten in den Hintern vor sich her, um eine Ecke des Bankgebäudes, wo er dann zusammengekauert in einer Nische verharren musste. Ich fragte sogleich fünf Leute, was denn das Problem gewesen sei. Alle antworteten mir *hakuna matata*, es gibt kein Problem. *hamna* – es ist nichts. Das zeigt mir die Sehnsucht der Leute nach Frieden. Aggression wird nicht geduldet, es wird ihr keine Macht gegeben. Schnell und effektiv wird eingeschritten, die Leute gehen wieder auseinander ohne große Diskussion. Es herrscht wieder Frieden und Einigkeit.

Der Blick aufs Meer – stundenlang kann ich verharren und einfach diese Aussicht genießen. Die Dau ziehen langsam vorbei, jene typische Form der Dreieckssegelschiffe, welche das Bild hier prägen. Ausflugsboote mit einem halbrunden Sonnenschutz über den Sitzplätzen mit interessanten Namen wie *Jambo:* Hallo, *Fortuna:* Glück, *Hakuna Matata*: kein Problem, oder *Kipepeo:* Schmetterling, wiegen sich, verankert vor der Küste, langsam hin und her. Der Indische Ozean hat gewöhnlich keine große Brandung, die ans Ufer trifft. Sanft und zart streicheln die Wellen den Sandstrand. Anders bei stürmischem Wetter, dann schlagen gewaltige Brecher an die Kaimauern und das Meer zeigt ein anderes Gesicht: Gewaltig und mächtig ist die Kraft des Wassers! Ehrfürchtig beobachtet man dieses Schauspiel. „Wie klein wir doch sind" wird bei solchen Eindrücken immer wieder klar. Die Natur wird uns immer beherrschen und nicht umgekehrt!

„Erst wenn der letzte Baum gefällt ist, erst wenn der letzte Fluss vergiftet ist, erst wenn der letzte Fisch gefangen ist, erst dann werdet ihr sehen, dass man Geld nicht essen kann! Dieser Spruch der Cree Indianer, diese Prophezeiung prangt hier mitten im Mercury's an einem Baumstamm, der hier durch die Decke geht und über der sonnengeschützten Terrasse sein Blätterwerk entfaltet. Welche Weisheit diese Aussage in sich trägt, braucht wohl kaum erklärt zu werden. Welch guter Ort, um darauf aufmerksam zu machen: vor dir der Blick auf das Paradies, welches wir auf Erden haben. Ich glaube nicht an den Teufel dieser Welt, ich strebe nicht nach Reichtum, der beziffert werden kann. Die ursprüngliche Idee des Geldes als Tauschwerkzeug hat mittlerweile katastrophale Folgen angenommen: Menschen massakrieren sich, Menschen bewerten sich, Geld regiert die Welt – ein Spruch, der mir große Angst einjagt, weil es die Realität ist. Wenn ich jemals zu materiellem Reichtum kommen werde, würde ich dieses Werkzeug Geld immer tauschen. Keine Bank der Welt wird mit meinem Teil des Werkzeuges ihr Geschäft machen und mir einen Gewinn vorgaukeln. Ich wurde schon zutiefst gedemütigt von den Herren dieser Macht. Ich glaube nicht an den Teufel, ich glaube an Gott, eine Macht, die über allem steht. Ehrfurcht lässt sich nicht in Zahlen fassen, es ist der Schlüssel zu einem Bewusstsein, das ich nur in diese einfachen Worte fassen kann: die Liebe zu dir und dem, was dich umgibt. Liebe deinen Nächsten, so wie du dich selbst liebst! Dieser christliche Grundwert ist das Fundament, nach dem ich strebe. Wenn sich diese einfache und wahrhaftige Weisheit und Lebensphilosophie auch innerhalb der materialisierten Glaubenswelt durchsetzen könnte, dann würden wir in einer anderen Welt leben. Die grundsätzliche Aussage des Gottessohnes Jesus wurde und wird auch heute noch von Menschen der Macht missbraucht. Gottes Kinder sind wir alle! Ob Mann oder Frau, ob schwarz oder weiß, alle sollten wir dieses Bewusstsein verkörpern, wir sind die Künstler, die ihr Leben formen und bestimmen können. In Ehrfurcht vor dem, was uns umgibt, in Ehrfurcht und Respekt vor den Gesetzen der Natur, die wir beobachten dürfen und deren Teil wir sind.

Diese Reise vertieft meine grundsätzliche Lebensphilosophie in einem nicht geahnten Ausmaß. Das Glück, welches ich hier als Geschenk nehmen darf, bestätigt mir, dass ich auf einem Weg bin, der mir noch vieles zeigen wird, und der mich Vieles erkennen lässt. *Asante mungu*. Ich muss daran denken, wie Liebe käuflich geworden ist. Das älteste Gewerbe dieser Welt. Welcher Frevel, egal ob Mann oder Frau: Liebe ist ein göttliches Geschenk, das uns wahren Reichtum verschaffen kann und keine Wertbezifferung haben sollte. Ich bemitleide diejenigen, die sich und ihren Körper verkaufen. Geschieht dies unter Zwang, so lehne ich es vehement ab, wenn sich manche freiwillig verkaufen, dann ist der „Wert ihrer Leistung" ebenfalls nicht bezifferbar, es kann „mehr wert" sein als der Dienst eines Pastors, wie ich im letzten Gespräch mit Thomas gemeinsam festgestellt habe. Es gibt Menschen, die dies im „missionarischen" Sinne tun. Sie haben etwas „verdient" dafür, aber ist der „Teufel Geld" ein angemessener Ausgleich? Die harte Realität lässt mich erkennen, dass unsere Gesellschaft ihr Paradies nicht erkennt, es wird wohl nur kleine Gruppen und Gemeinschaften geben, die dies für sich realisieren können. Der Teufel dieser Welt ist allgegenwärtig und mächtig. Der Glaube, dies verändern zu können, gleicht dem Kampf mit der Windmühle – zum Scheitern verurteilt! Ich bin überzeugt davon, dass ich immer mehr kleine und überschaubare Gemeinschaften formieren werden, die ihre eigenen Gesetze und Regelungen finden, um in Frieden und Liebe miteinander leben zu können. *In Shallah* – wenn es das Schicksal so will, werde ich eines Tages ein Teil einer solchen „neuen Gesellschaft" sein!

Löwe, Hund, Freundesbund

Ein traumhafter Ausblick von der Terrasse des Africa House lässt mich wieder einmal zu Stift und Schreibpapier greifen: heute haben wir den 15. April, es ist Freitag, es ist wieder Live Musik Tag im Livingstone. Big Five, die beste Combo der Insel wird heute Abend wieder einheizen. Die Dau ziehen in Zeitlupe vorbei, ein Bild, das Ruhe und Frieden ausstrahlt. Nachdem ich nun zehn Tage in Nungwi im Norden der Insel am Strand verbracht habe, bin ich wieder im Herzen Sansibars, nun mit einem eigenen Appartement im Stadtteil Hurumsi. Zehn Euro pro Tag und ich habe viel Platz zur Verfügung. Ahmed, mein Vermieter in Nungwi hat auch in der Stadt einige Wohnungen, die er als Verwalter vermietet, so kam ich sozusagen über meine Strandwohnung zum Stadtappartement. Es war eine wunderschöne ruhige Zeit im touristischen Zentrum der Insel. Fast vollständig in italienischer Hand sind die meisten Hotels und Ferienanlagen am Strand.

Um diese Zeit ist fast überhaupt nichts los, es ist Regenzeit und low season. Vereinzelt schlendern Touristen am Strand, die Massai-Wächter der touristischen Anlagen vertreiben sich in kleinen Gruppen die Langeweile. Es erweckt den Eindruck, als gäbe es mehr Wächter als zu Bewachende. Für einige Hotels mag das sogar zutreffen um diese Zeit. Mein Sammeltrieb bescherte mir einige Kilos an Muscheln und kleinen Fundstücken am Strand, welche ich bei meinen stundenlangen Strandwanderungen aufgesammelt habe. Als ich meine Tüten voller Schätze in meinem Appartement ausleerte, konnte ich es selbst kaum fassen. Wie oft ich mich wohl gebückt hatte? Aber sicherlich werden diese vielen kleinen Stücke aus Sansibar Freude in meiner fränkischen Heimat verbreiten. Schmuckstücke und Mobiles — einzigartige und einmalige Kunststücke der Natur, unserem Lehrmeister der göttlichen Schöpfung. Julie, die Amerikanerin, welche mit Ahmed verheiratet ist – sie betreiben gemeinsam eine kleine, familiäre Pension in Nungwi – hat meine Kollektion bewundert und meine Idee, diese vielen kleinen Sachen mit Kindern in Schmuckstücke zu verarbeiten, befürwortete sie sehr. Eine frühpensionierte Professorin aus den Staaten, die perfekt Kiswahili spricht, eine Amerikanerin, ganz anders als die meisten, die ich kenne. „Während der Bush-Regierung," gesteht sie freimütig, „habe ich gesagt, ich komme aus Kanada. Diese Zeit hat mich mit Scham über unser Land erfüllt. Damit wollte ich nichts zu tun haben." Das habe ich wahrlich nicht oft aus amerikanischem Munde vernommen. Luk, der Hund, der das Eigentum bewacht, sei in seinen ersten beiden Lebensjahren von einem Deutschen erzogen worden, erklärte sie mir. Ich redete Deutsch mit ihm und hatte wirklich das Gefühl, dass er mich verstand. Ich erbrachte sogar den Beweis dafür: „Ja, komm mal her, gib Pfötchen," sagte ich zu Luk. Er stand auf, kam zu mir und hielt mir seine Pfote entgegen! Julie und Ahmed wollten es nicht glauben! „Was hast du ihm gesagt?" fragten sie mich. Ich erklärte, dass dieses Spielchen oft in der Hundeerziehung in Deutschland geübt wird. Julie versuchte nur mehrmals in deutsch-amerikanischem Slang diesen Satz zu wiederholen – ohne Erfolg! Luk hörte diesbezüglich nur auf mich! „Vielleicht ist es ja auch die männliche Stimme, die er zu hören gewohnt war," versuchte ich Julie zu erklären. Luk war echt klasse. „Auf, wir gehen zum Strand!" und er folgte mir auf Schritt und Tritt. Am Strand befahl ich ihm auf meine Tasche aufzupassen, er wich nicht von meinen Sachen bis ich wieder zurück war. Die Massai-Wächter der Strandhotels nannten uns *Simba na Bwa,* der Löwe und der Hund. Die Tage der Ruhe taten mir gut, die liebevoll gehütete Pension mit einigen Hühnern und Enten, das gemeinsame köstliche Abendmahl, jedes Mal eine einzigartige Überraschung und immer ein Genuss.

Ich lebte in Vollpension für 17 Euro am Tag, da konnte ich mich überhaupt nicht beklagen. Es war wunderbar – ein Traum – wie man in meiner Familie zu sagen pflegt. Das Highland- Restaurant, 200 Meter von meinem örtlichen Zuhause entfernt, war gleich zu meiner Stammkneipe geworden. 2000 Tsh, also ein Euro pro Bier, sind ein fairer Preis für diese Region. Britta, eine Deutsche, die mit Albert, ihrem Mann aus Sansibar gemeinsam diese gastronomische Einrichtung betreibt, war höchst erfreut, sich wieder einmal ausgiebig in Deutsch unterhalten zu können. Sonntags war Open Air Disco angesagt, und da ging es trotz low season ganz schön ab bis frühmorgens. Wir hatten viele anregende Gespräche und einen intensiven Gedankenaustausch über Sansibar.

Es ist immer wieder beeindruckend, wie alles hier so funktioniert. An einem Sonntagabend waren sieben Stromausfälle zu zählen, was von der Kundschaft mit einem lauten „Aahhhh"-Chor begleitet wird. Dann wird der Generator gestartet, es folgt der „Yeaah"-Chor und weiter geht's … bis zum nächsten Stromausfall! Albert war Elektroingenieur auf der Insel, bis er mit Britta das Restaurant aufgemacht hat. „Es gibt viele Probleme mit der Energieversorgung auf der Insel," konnte er aus seiner eigenen Erfahrung berichten. „Aber, wie du siehst, wir leben damit!" Ja, sie leben in einer bewundernswerten Ruhe und Gelassenheit. Während meines Aufenthaltes in Nungwi habe ich auch meine Gitarre neu bemalt. Jetzt kamen die eigens dafür mitgebrachten Lackstifte aus Deutschland zum Einsatz: Gold, Silber, Kupfer und Schwarz wählte ich in meinem heimischen Farbgeschäft, um auf Sansibar ein neues Gitarrengesicht entstehen zu lassen. Zwei Tage lang arbeitete ich an feinen Linien und Zeichen und Pünktchen, bis mein Werk schließlich beendet war und ich einen neuen Namen gefunden hatte. *Gitatinga* sollte sie nun heißen meine Gitarre. *Gita,* Gitarre, und *Tinga* kommt von der *Tinga-Tinga-Kunst,* der feinen Kunst mit Pünktchen und Linien Bilder entstehen zu lassen. Ich beschloss eine Taufzeremonie im Indischen Ozean zu machen. Luk begleitete mich wie immer, bewachte am Strand meinen Gitarrenrucksack. Ich ging langsam ins Wasser und hielt meine Gitatinga ausgestreckt an beiden Armen über meinen Kopf bis das Wasser meine Brusthöhe erreicht hatte. Dann blieb ich stehen, sprach ein Gebet und tauchte unter so lange es mir möglich war, während ich Gitatinga über Wasser hielt. Nach dem Auftauchen hielt ich Gitatinga noch einige Zeit an meinen ausgestreckten Händen über mir, bis ich sie auf die Wasseroberfläche setzte. Jetzt war die Taufe vollzogen! Als ich nun langsam aus dem Wasser ans Ufer zurückkam, bemerkte ich, dass sich eine Gruppe von bestimmt 20 Massai-Wächtern am Strand versammelt hatte und interessiert mein Tun beobachtete. Selbst Luk, der brav mein Gitarrencase bewachte, legte fragend seinen Kopf auf die Seite, während ich ihm erklärte, dass alles gut sei. Ein Massai kam zu mir und fragte mich, was ich da gemacht hätte. „Eine geheime Zeremonie," antwortete ich und zeigte das Gitarrenband, das mir *Mama Massai* hergestellt hatte. Wir sind nun verbunden: Deutschland – Massai – Franken – und Gitatinga! Respektvoll begutachtete er das Mama Massai Band und die Gitatinga. „Über diese Zeremonie darf ich nicht reden," erläuterte ich ihm. Er fragte auch nicht weiter nach, ging zurück zu seiner Gruppe und erklärte meine Aktion. Mit meinem Digitalgerät machte ich nun noch Aufnahmen von Brandung und Gitatinga. Die Massai hielten gebührenden Abstand. Nach kurzem Verweilen am Strand machte ich mich auf den Heimweg, vorbei an den Massai-Kriegern. *Simba na bwa kwenta njumbani* – der Löwe und der Hund gehen nach Hause – bemerkte jemand aus der Gruppe. „*Ndjo – kwaheri ya Guyanana*" – ja, auf Wiedersehen, wenn Gott will," antwortete ich und zog mit Luk bei Fuß von dannen. Mit *Olesere* verabschiedete ich mich noch in der Sprache der Massai. Mittlerweile kennt mich, glaube ich, fast jeder Massai auf der Insel. Selbst hier in Stonetown hat sich meine Taufaktion unter ihnen herumgesprochen. *Simba Massai* nennen sie mich nun auch. Die Fülle meiner Namen nimmt täglich zu: *Bwana Tabasamu*: der Herr des Lächelns, *Bwana Batiki:* der Herr mit der Batikkleidung, *Rafiki Ujerumani*: der Freund aus Deutschland, *Baba Ngome*: der Vater der Trommel – dies alles höre ich täglich auf den Straßen und in den Gassen von Stonetown. Irgendwie fühle ich mich auch schon wie ein *Zanzibari.*

Wieder eine interessante Begegnung am Strand im Norden der Insel gab es mit Rocio, einer Mexikanerin, die schon seit vier Jahren die Welt bereist, überall kleine Jobs und Arbeiten annimmt, um ihre Reise zu finanzieren. Ich bewundere diese zierliche Frau mit ihren langen schwarzen Rastalocken. Sie war vorher auch in Spanien und auf Mallorca und hier auf der Insel traf sie auch wieder Freunde von dort. Sie wohnt nun mit ihnen zusammen. Ich erinnerte mich, sie einige Male beim *Busara*, dem Musikfestival gesehen zu haben. Einige Male sind wir uns wohl auch in Stonetown begegnet. Hier trafen wir uns wieder. Rocio hatte Henna-Farbe in der Tube besorgt und ich bemalte Schulter und Oberarme mit einer einzigen, ununterbrochenen Linie. Sie war völlig verzückt von dieser Aktion, betrachtete sich ständig im Spiegel und bemerkte immer wieder in ihrem unbeschreiblich spanisch-mexikanisch akzentuiertem Englisch „I like me, oh, I like me very much!" Ihr Ursprung sei bei den Azteken, erklärte sie mir, „meine Heimat ist bei den drei Vulkanen in Mexiko." Solche Menschen lernt man schwerlich in einem Hotel kennen, diese Art des Reisens ist eine völlig andere. Man ist auf Augenhöhe mit den Einheimischen. Es ist die Erfahrung des wirklichen täglichen Lebens. Respekt, Rocio! Ihr Name bedeutet „Tautropfen im Mondlicht" und dieses geheimnisvolle und sagenumwobene indianische Karma verkörpert diese zierliche, energische Frau.

Die letzten Tage hier werde ich auch oft gefragt, wo ich denn gewesen sei, lange hat man mich nicht gesehen hier. *„A Nungwi, kuogelea"* – in Nungwi, zum Schwimmen, antwortete ich und ein kurzer Smalltalk über das schöne Meer und den Strand dort, stellt meine Freunde und Bekannten dann zufrieden. Ein Taxifahrer mit einem ganz besonderen Gefährt bremste jäh sein Gefährt ab, um mich am Straßenrand zu begrüßen. Sein breites Lächeln passt wirklich kaum noch auf sein Gesicht und erinnert mich an die unvergesslichste Taxifahrt meines Lebens. *Tuf Tuf* nennt er sein Gefährt, eine Dreiradkonstruktion auf Mopedbasis mit zwei rückwärtigen Sitzplätzen in überdachter Ausführung. Ich vermute, dass es Kinderlähmung oder etwas Ähnliches gewesen sein musste, das seine Behinderung verursacht hat. Sein Tuf Tuf war nur über Hände bedienbar, jedoch versagte des Öfteren der Elektrostarter seinen Dienst, wie es auch bei unserer gemeinsamen Fahrt der Fall war. Nach nur fünf Metern kräftigen Schiebens meinerseits trat der Zweitakter jedoch sofort seinen Dienst an. Das Motor- und Auspuffgeräusch erinnerte mich sogleich an die ostdeutsche Trabant-Fortbewegungstechnologie. Rängdägädäng – und los ging's. An der ansonsten üblichen Federung wurde bei der Konstruktion dieses Gefährtes keine Energie verschwendet, man befand sich, bis auf die spärliche Sitzpolsterung, in direktem Kontakt mit der Straßenoberfläche. In den engen Gassen Stonetowns kommen gerade einmal die handgeschobenen Transportkarren um die Ecken, oder eben solche Spezialkonstruktionen wie das *Badaj*. Drei Vorwärtsgänge hatte dieses Gefährt zur Verfügung, jedoch dauerte der Schalt-

vorgang eine gewisse Zeit und ein lautes mechanisches Geräusch bestätigte den korrekten Abschluss des Gangwech-
sels. Ein Wechsel sollte jedes Mal also gut überlegt sein,
wie mir mein Fahrer lächelnd erklärte. Einige Male blieben
wir an Ecken und Pfosten hängen, manches konnte mit kräftigem Gasgeben gelöst werden, manchmal jedoch musste
ich aussteigen und mit der bereitwilligen Hilfe von
vorbeikommenden Passanten wurde das Tuf Tuf dann halt
einfach um die Ecke gehoben, immer mit Lachen und
herzlicher Danksagung an alle Helfer. Es regt sich niemand
auf! Selbst als einmal der Motor bei leichter Steigung im
zweiten Gang bewegt wurde, und wegen mangelnder
Drehzahl abrupt stoppte, fanden sich sogleich Helfer, das
Gefährt bergauf erneut im ersten Gang wieder zu beleben.
Lachend wird das Rängdägädägäng und die Qualmwolken
begrüßt. *Sawa*, es geht, *sawa*, *sawa* … bestätigt jeder der
Helfer. TÜV-Prüfer und Polizisten würden wohl die Hände
über dem Kopf zusammenschlagen – bei uns! ... Aber hier
sind wir in Sansibar!

Warme Abschiedstränen des Himmels

Jetzt regnet es täglich mehr, jedoch möchte ich diese Erfahrung nicht missen. Ein anderer Geruch liegt in der Luft und das Grün der Natur erwacht mit gewaltiger Kraft. Die schmalen Gassen von Stonetown werden zu Bächen. Jetzt weiß ich, warum alle Hauseingänge höher liegen. Ein warmer Regen, selbst mit nassen Füßen und Sandalen friere ich nicht, im Gegenteil, es macht richtig Spaß im Wasser umherzuwaten. Ein faszinierendes Lichtspiel ist es, wenn über die vielen Blechdächer der Regen auf die Gassen platscht, wenn sich die all die Lichtfäden am Boden zu einem Fluss vereinen. Johlend toben tagsüber Kinder in der „Open Air Dusche" umher und erfreuen sich am Spiel mit dem Wasser. Es ist eine gute Zeit, eine fruchtbare Zeit, jetzt. *Mvua nsuri sana* – der Regen ist sehr gut. *Na penda mvua cama njua* – ich liebe den Regen ebenso wie die Sonne! *Asante sana Zanzibar.*

Ganz in der Nähe meines Appartements im Stadtteil Hurumsi von Stonetown befindet sich eine höchst interessante Gaststätte. Ein älterer Inder betreibt hier einen Raum, in dem er Alkohol verkauft. Sieben Stühle, ein Tisch und natürlich darf der Fernseher auch nicht fehlen! Als Kühlschrank dient eine alte historische Kühlbox, deren Ursprung aus Deutschland ist, wie er mir stolz erzählt. Ab sieben Uhr abends ist eine Hälfte der Tür offen und fast immer sitzen die gleichen Gäste im Raum. Anfangs ist das Bier noch *baridi sana*, gut gekühlt, jedoch ist der Bierkonsum der wenigen Gäste enorm und die *Barafus,* Eisklötze, die zur Kühlung benötigt werden, schwinden schnell. Aber irgendwie gewöhnt man sich auch an warmes Bier so ab 23 Uhr, dann hat allerdings der Alkoholkonsum des Wirtes einen Level erreicht, der deutlich hörbar ist. „*Ujerumani – nzuri sana –* Deutschland ist sehr gut," sagt er dann jedes Mal. Indien und Deutschland sind eng verbunden, lallt er immer wieder „We both Arians“ – wir sind beide Arier! Wie er auf diese Idee kommt ist mir zwar ein Rätsel, aber in seinem Zustand diskutiere ich das mal lieber nicht mit ihm. Nach anfänglichem Pfand für das Leergut verzichtete er großzügig beim dritten Mal meines Erscheinens und stellte fest, dass ich sehr zuverlässig sei. Genau gegenüber ist ebenfalls eine Verkaufsstelle für nichtalkoholische Getränke. Ein Riesenkühlschrank prall gefüllt mit Cola, Fanta, Lift, Sprite und mit Tangawizi, mein Lieblingsgetränk, eine Ginger Limonade mit einem leicht herben Geschmack. *Hodi* – der Gruß beim Eintreten und man steht bereits mitten im Geschäft! Der Raum hat keine zehn Quadratmeter, neben dem Kühlschrank ein Bett auf dem meist *maleika wangu*, mein Engel, wie ich sie nenne, herumliegt und gelangweilt in den laufend quäkenden Fernseher schaut. Die Körperfülle meines Engels ist enorm und sie freut sich jedes Mal sehr über mein Kompliment. Als ich mich bei ihr verabschiedete, schenkte sie mir eine Flasche Saft. „*Asante sana, nita ruti maleika wangu* “: ich danke dir sehr, ich komme wieder, mein Engel. Sie freute sich sehr und umarmte mich innig. Die Fülle ihrer Weiblichkeit ließ mich kaum die Arme um sie schließen. Meine Abschiedstour stimmte mich melancholisch, mein Massai Freund Topico war sichtlich traurig und wünschte mir *Safari njema*, gute Reise. Ich organisierte noch einen Lastkarrenschieber für mein Gepäck, das ich im Mercury's abstellte, eine letzte Wanderung am Strand und ein letztes Bier im Restaurant mit Blick aufs Meer, dann holte ich ein Taxi und machte mich um halb eins auf den Weg zum Flugplatz. Ein heftiger Regenschauer begleitete uns anfangs. Teilweise waren richtige Seen halb über die Straße. „*Cama bahari,* “ bemerkte ich noch – wie das Meer. Am Flugplatz angekommen hatte der Regen bereits aufgehört und ich lud mein gewaltig angewachsenes Gepäck auf einen Schiebekarren, den ich zum Schalter der Ethiopian Airlines schob. Jetzt kam die Stunde der Wahrheit über das Gewicht meiner beiden Gepäckstücke und meine Befürchtung bewahrheitete sich: 56 kg brachte ich auf die Waage, das waren zehn Kilo Übergewicht. All meine Swahili-Überredungskunst nutzte mir nun nichts, die Jungs an der Waage blieben hart: 60 Euro waren fällig oder abspecken. Sollte ich meine vielen kleinen Muscheln und Fundstücke da lassen? Nein, entschied ich, die werden zu Hause viel Freude bringen. Trotz meiner vorherigen Bemühungen, eine Waage aufzutreiben, blieb diese Unternehmung ohne Erfolg. Ganz Stonetown hatte anscheinend nur eine einzige Waage und die stand im ersten Stock des Afrika House. Eine gewaltige alte Personenwaage englischer Herkunft, ein Museumsstück, das ich mir natürlich nicht ausleihen konnte. Nachdem nun mein Gepäck aufgegeben war, die Personenuntersuchung vollzogen war, wartete ich im Abflugbereich ... „*Kwaheri, nita ruti,*" – auf Wiedersehen, ich komme wieder – verabschiedete ich mich vom Bodenpersonal und mit „*Tadjas ndamenash danane,*" hallo wie geht es, begrüßte ich die äthiopische Besatzung in ihrer Sprache *Amharisch*. Sogleich wurde sich wieder bestens um meine Gitarre gekümmert. Als der Flieger abhob, wischte ich mir einige Tränen aus den Augen. Ein wehmütiger Abschied, ein letzter Blick auf die Insel. Nun erwartet mich Äthiopien, ein Abschied und eine neue Ankunft. Ein ruhiger Flug trug mich nun in das Herz Afrikas: Äthiopien.

In Äthiopien

Addis Abeba erwacht, es dämmert, Vögel zwitschern und leise tröpfelt der Regen auf die Blechdächer. Ich bin nun in Äthiopien, der Heimat meines Bruders Henok und meiner Schwester Aynalem. Ein Land im Aufbruch in eine bessere Zeit, ich begegne Menschen voller Energie und mit einer unbeschreiblichen Herzlichkeit. Anders als in vielen afrikanischen Ländern, die ich bereist habe, spüre ich hier einen Stolz und wahrhaftig ehrenwerte Menschen im Bewusstsein einer jahrtausend alten Geschichte, die lange vor unserer Zeitzählung begann. Ich muss mich schämen dafür, wie in unseren europäischen Köpfen das allgemeine Denken über dieses Land herrscht. Äthiopien gilt bei uns immer noch als das Synonym für Hunger und Krieg, Armut und Elend. Es gibt sicherlich Vieles zu tun hier, aber die Menschen, denen ich begegne, sind voller Hoffnung und streben nach einem Ziel. „Wir wollen das geistige und entwicklungstechnische Zentrum Afrikas werden," diese Aussage habe ich in den vergangenen Tagen oft gehört und ich sehe, dass Grundsteine dafür gelegt werden, dass eine Energie in den Herzen dieser Menschen herrscht, die mich zutiefst berührt. An allen Ecken und Enden dieser Vier-Millionen-Stadt Addis Abeba wird gebaut und erneuert. Es herrscht Aufbruchstimmung. Es begegnet mir der Wille und auch der Geist, eine neue bessere Welt schaffen zu wollen. Visionen sind willkommen und anders als in anderen afrikanischen Staaten sind zukunftsweisende Projekte auch durch die Unterstützung der Regierung realisierbar. Ich darf Zeuge einer Vision im Anfangsstadium sein, wie Menschen voller Glauben und Schaffenskraft an einem Strang ziehen, das Elend dieser Welt besiegen zu wollen.

Henok ist mit einer Delegation aus Deutschland einen Tag nach meiner Ankunft eingetroffen. Auf dem Parkplatz des Hilton Hotels begegnen wir uns zum ersten Mal auf afrikanischem Boden. Eine lange herzliche Umarmung – denn ein lang gehegter Traum wurde für uns beide wahr: Wir sind zusammen, in seiner Heimat. Jahrelang haben wir auf diesen Augenblick gewartet, den ich niemals im Leben vergessen werde. Sein Cousin Abebayehu hatte mich am Vortag am Flugplatz abgeholt. Geduldig wartete er zwei Stunden lang außerhalb, bis all meine Einreiseformalitäten erledigt waren. Da ich noch kein Visum hatte, musste ich von Terminal eins zu Terminal zwei mit dem Flugplatzbus fahren und dort erneut in einer langen Schlange auf die Erledigung aller Notwendigkeiten warten. Geldumtausch, Visum und eine Gelbfieberimpfung waren fällig, da sich bei meiner nunmehr dreimonatigen Reise Bestimmungen verändert hatten und ich aus Tansania einreiste. Bei meiner Abreise aus Deutschland war diese Impfung noch nicht zwingend erforderlich, jedoch empfohlen für Tansania. Mittlerweile ist diese Maßnahme allerdings Pflicht für Reisende nach Tansania und Sansibar zählt nun einmal zu diesem Staat. Obwohl ich mich ja ausschließlich auf der Insel befand und diese frei von Gelbfieberfällen ist, musste ich diese Impfung über mich ergehen lassen. Und es wird bei der Einreise nach Deutschland ja nun auch erforderlich sein. Seltsamerweise kostete dies hier nur 66 Birr – das sind umgerechnet gerade einmal zwei Euro siebzig! In Tansania berappt man 60 US-Dollar und in Deutschland liegt der Preis bestimmt auch bei ungefähr 40 Euro – für ein und denselben Impfstoff! Hier kann man erkennen, wie mit medizinischen Pflichtmaßnahmen Geschäfte gemacht werden. Ein Lob für Äthiopien, das diesen Preis auch für einreisende Ausländer berechnet. Während dieser ganzen Zeit der Abwicklung meiner Formalitäten begleitete mich ein Angestellter des Flugplatzes und hielt Abebayehu per Mobiltelefon ständig auf dem Laufenden über den Stand der Dinge. Er wartete ja nun doch schon eine geraume Zeit und meine Ankunft auf Terminal eins

hatte sich ja nun auf einen anderen Bereich des Flugplatzge-
ländes verlegt. Auch mein Gepäck musste dorthin verbracht
werden. Die Kenntnis von einigen Worten *Amharisch* bescherte mir an allen Stellen reichliches Lächeln und ein
herzliches Willkommen in Äthiopien. Der freundliche Flug-
platzangestellte führte mich letztendlich nach zwei Stunden
zum wartenden Abebayehu, den er wiederum per Mobiltelefon ausfindig gemacht hatte. Als ich ihm seine Mühe am
Ende entlohnen wollte, lehnte er dies dankend ab! Das hatte
ich in Afrika noch nicht erlebt! Willkommen in Äthiopien!
Gastfreundliche und stolze Menschen erwarteten mich und
hinterließen einen ersten, tiefen Eindruck bei mir.
Abebayehu staunte nicht schlecht über mein Gepäck, das
inzwischen ein ganz schönes Volumen erreicht hatte.
 60 Euro waren für die zehn Kilo Mehrgewicht am Schalter
in Sansibar zu bezahlen. Davor hatten selbst meine Swahili
Kenntnisse mich nicht bewahren können. Zwei mal 23 Kilogramm Gepäck sind bei der äthiopischen Fluggesellschaft
erlaubt. 56 Kilo brachte ich auf die Waage, meinen Gitarrenrucksack nicht mitgezählt, da ich diesen als Handgepäck
mitführte. Zehn Kilogramm sind geduldet, aber glückli-
cherweise wird dieses nicht gewogen, sonst wären vermut-
lich noch einige Euros fällig geworden, da neben meiner
Gitarre ja auch noch jede Menge anderer Mitbringsel meinen Tragebehälter prall füllten.
Die Angestellten der Ethiopian Airlines kümmerten sich im
Übrigen äußerst zuvorkommend und freundlich um mein
doch ganz schön voluminöses Handgepäckstück und
schnallten dieses auf einem leeren Sitzplatz sorgfältig fest.
Musiker sind willkommen und ernten Verständnis dafür,
dass ein Instrument nicht im Frachtraum transportiert wird.
Der Service dieser Fluggesellschaft ist vorbildlich und hat
das Niveau von Lufthansa, deren Partner sie auch sind.
Selbst alkoholische Getränke wie Bier und Wein werden

nicht gesondert berechnet und das Essen war ausgezeichnet. Das beste Rumpsteak, das ich jemals auf einem Flug zu mir genommen hatte, stillte meinen Hunger, und die netten Stewardessen versorgten mich mit ausreichend Bier, nachdem ich ihnen meine bayrische Herkunft erklärt hatte. Diese Airline kann ich allen nur empfehlen, sie gilt als eine der weltweit Sichersten und ist auch eine der ältesten Fluggesellschaften dieser Welt, gegründet im Jahre 1945!

Die erste Nacht verbrachte ich bei Abebayehu. Ein ausgiebiges *Enjera* Abendmahl und ein üppig eingeschenkter Willkommens-Whiskey begrüßten mich in aller Freundlichkeit und herzlicher Gastfreundschaft. Wir ließen den Abend mit einem Fußballspiel der englischen Liga ausklingen. Müde von einem bewegten Reisetag ging ich dann zu Bett. Auf Sansibar hat mich schon verwundert, wie Großbritanniens „Prime League" äußerst interessiert verfolgt wird, jeder „seinen" Lieblingsclub hat und über alle Aktivitäten und Spieler genauestens informiert ist. Auf meine Frage diesbezüglich erklärte mir einmal jemand, dass auch viele Afrikaner in dieser Liga spielen würden und diese für die hiesige Bevölkerung große Idole und Helden seien. Ich muss auch bekennen, dass ich lange nicht mehr so interessiert Fußballübertragungen verfolgt hatte und begeistert war von der Geschwindigkeit und der Spannung aller Spiele, derer ich beiwohnte. In Äthiopien ist es nun auch der englische Fußball, der hier viele Freunde hat. Die Begeisterung und Ausgelassenheit in Sansibar ist allerdings um einiges ausgeprägter. Jedes erzielte Tor war in ganz Stonetown lautstark aus jeder Ecke zu hören. Hier geht es ein wenig gesitteter zu, ohne jedoch das Interesse abzuschwächen.
 Bei einer Fußballübertragung Chelsea – Tottenham ein so genanntes „Londonderby," wie ich mich habe aufklären lassen, das ich in meinem Hotel Wutma mitverfolgt habe,

fanden sich bestimmt 70 Personen ein, die auf einer großen Leinwand in erstaunlicher Qualität gespannt dieses Ereignis mitverfolgten. Die Tische wurden in den Raumecken übereinander gestapelt und die Stühle sauber in Reihe gestellt – wie im Kino oder wie im Stadion. Ich saß auf einem Barhocker an der Theke direkt neben dem *Draft* Ausschank, einem gezapften englischen Bier Sankt George, das einen durchaus angenehmen Geschmack hat. Seit drei Monaten mein erstes „frisch Gezapftes." In Sansibar gab es Bier ausschließlich in Flaschen. Ich saß sozusagen „auf der Tribüne," direkt neben der Bierquelle, der beste Platz des Stadions, den ich mir bereits eine halbe Stunde vor Spielbeginn ergattert hatte. Ein spannendes Spiel mit hervorragenden Toren, das mit einem Sieg für Chelsea sein Ende fand. Die Tore wurden mit Klatschen und lautstarkem Applaus bedacht. Als ich am Ende des Spieles meinen Barhocker in Richtung Theke wendete, um das Spiel mit den Jungs, die mich aufmerksam während des Matches mit Bier versorgten, zu diskutieren, verließen alle äußerst gesittet und ruhig den Raum. Eine Gruppe stand noch vor dem Eingang und kommentierte das soeben Erlebte. Zehn Minuten später stand ich auf und glaubte zunächst meinen Augen nicht zu trauen: der gesamte Gastraum sah aus wie zuvor, die Tische waren alle wieder an ihrem Platz, die Stühle sauber um die Tische, Tischdecken und Serviettenhalter rundeten das Bild ab. Das alles war hinter meinem Rücken geschehen, ohne dass ich irgendetwas bemerkt hatte. Ruhig und ohne Geräusche, jeder der Angestellten wusste anscheinend genau, was er zu tun hatte, ein eingespieltes Team eben. Nun ist das hier aber nicht das Hilton oder Sheraton Hotel, hier kostet das Zimmer 130 Birr die Nacht, das sind gerade einmal fünf Euro fünfzig, ein Frühstück ist zu haben für einen Euro, dazu ein frisch gepresster Fruchtsaft ebenfalls zu einem Euro. Der Service ist äußerst zuvorkommend, immer mit einem freundlichen Lächeln. Hier gibt es keine lauten Worte oder Geschrei, es herrschen Sitte und Anstand. Eine sehr angenehme Gesellschaft.

Kein Spielball mehr, sondern selber spielen

Auf den Straßen gibt es natürlich auch Bettler, aber eben dies gilt es zu ändern. Äthiopien ist darauf alles andere als stolz und viele, die ich nun hier kennen gelernt habe, arbeiten voller Idealismus daran, ihr Land vorwärts zu bringen. „Wir wollen nicht die Chinesen bei uns," bemerken viele, mit denen ich die Situation diskutiere. „Wir wollen lieber den deutschen und europäischen Wissenstransfer." China hat viele afrikanische Länder „im Griff," weil Europa diese Entwicklung schlichtweg verschlafen hat. Seit der Zeit der Kolonialisierung dieses Kontinents wurde Afrika beraubt, Grenzen wurden quer durch vorhandene gewachsene Kulturen gezogen. Kriege, Tod und Elend waren die Folgen, die letztendlich ausschließlich von den Westmächten zu verantworten sind. Afrika wurde bestohlen und der Stolz vieler Urkulturen gebrochen. Eritreah und Äthiopien waren zum Spielball der beiden Supermächte USA und UdSSR geworden. Als einzige Region Afrikas bezwangen die Äthiopier unter ihrem damaligen Kaiser Menelik die italienische Invasion. 1941 verwiesen die heimischen Streitkräfte endgültig Italien von diesem Kontinent.

Dieses Volk hat einen Stolz, den ich noch nirgends in Afrika so gespürt habe. Tief beeindruckt war ich vom Besuch des Nationalmuseums und des Ethnologiemuseums. Die gesamte Menschheit stammt aus dieser Region. Unser aller Ursprung, ob schwarz oder weiß, aller Variationen unserer Hautfarben weltweit, das gesamte menschliche Leben, das sich über alle Kontinente verbreitete. Auch medizinisch nachweisbar ist bei jedem Menschen ein „schwarzes Gen" in der DNS feststellbar. Millionen von Jahren Menschheitsgeschichte und Tausende von Jahren Kulturgeschichte erfüllen mich mit Ehrfurcht gegenüber diesem Ort und dieser Region. Afrika ist unser aller Mutter und Äthiopien ist das Herz. Vieles von dem, was hier in den Museen ausgestellt ist, habe ich schon in Büchern gesehen, aber dies nun im Original vor sich zu haben, hat eine ganz andere Qualität.

Addis Abeba ist eine „junge Stadt," wörtlich übersetzt bedeutet *Addis Ababa* „Neue Blume." Ursprünglich besiedelt wurde der höchste Punkt dieser Stadt im 19. Jahrhundert, mit einem schlichten Palast des Kaisers Menelik. Wir befinden uns dort auf einer Höhe von 2900 m über dem Meeresspiegel, der Großteil der Millionenstadt liegt 2400 m hoch. Kein Wunder, dass viele erfolgreiche Langstreckenläufer aus Äthiopien oder dem angrenzenden, kenianischen Hochland kommen. In ihrem Blut speichert sich natürlicherweise mehr Sauerstoff als bei Menschen tiefer liegender Regionen. Bei körperlicher Anstrengung verspüre ich auch weit eher Erschöpfung als auf dem Meereslevel von Sansibar. Jedoch herrscht hier ein sehr angenehmes Klima. Die nächtliche Frische bringt erholsamen Schlaf.

Am zweiten Tag meines hiesigen Aufenthaltes kaufte ich ein Baumwollhemd mit einem äthiopischen Kreuz, bunt bestickt, in der schwersten Qualität, die zu finden war. Der Temperaturunterschied ist spürbar und meine Ausrüstung mit Bekleidung war ja nun in den letzten Monaten eher auf den tropischen Meereslevel ausgelegt. Das erste Mal seit meiner Abreise am ersten Februar trage ich nun auch wieder Socken und meine festen Lederschuhe. Den Dienst als „Kühlschrank" werde ich bei meinen Socken hier nicht mehr benötigen, also werden diese wieder ihrer ursprünglichen Bestimmung zugeführt. Die klimatische Umstellung in Vorbereitung auf die heimatlichen Temperaturverhältnisse hat für mich bereits hier statt gefunden, groß wird der Unterschied nun nicht mehr sein. Wenn ich mich daran erinnere, dass ich am Anfang meiner Reise von -10 °C in tropische +37 °C, immerhin ein Unterschied von 47 °C gekommen bin, dann muss ich mich im Nachhinein wundern, wie schnell ich dies weggesteckt habe. Die Regenzeit auf Sansibar hat die Temperatur dort auch um einige Grade abgesenkt und hier in Addis Abeba bringt sie auch keine jährlichen Höchsttemperaturen hervor. Der Regen ist allerdings merklich kühler und Spaziergänge im Regen bereiten hier kein Vergnügen. Dafür gibt es andere Vergnügungen. An nahezu jeder Straßenecke findet man Bars, Restaurants und Cafes, alle bestens bestückt mit allen erdenklichen Spirituosen. Das kenne ich bereits von meinen äthiopischen Freunden in Deutschland: Scharfe Sachen werden gerne und bei ausgelassenen Festen in erheblichen Mengen verköstigt. Das hier hergestellte Bier ist durchaus von guter Qualität, ebenso der Wein aus Äthiopien. Die Preise sind in den kleinen Bars niedrig für europäische Verhältnisse. Ein halber Liter „Draft" ist im Durchschnitt für 8 Birr, 35 Cent, zu haben, ein Whiskey kostet einen Euro. Eine Portion Spaghetti kostet einen Euro und ist eine wahrlich sättigende Menge. Der Durchschnittsverdienst der Einheimischen ist allerdings auch sehr gering, wenn sie denn Arbeit haben. 83 Millionen zählt die gesamte Bevölkerung Äthiopiens, hinter Nigeria das zweitbevölkerungsreichste Land des Kontinents. Vier Millionen wohnen alleine in der Hauptstadt Addis Abeba, sozusagen die gesamte Bevölkerung Frankens auf einem Haufen, oder ganz Norwegen konzentriert auf einen Punkt.

Der Prophet gilt nichts im eigenen Lande

Die Delegation aus Deutschland ist am gestrigen 1. Mai wieder zurückgereist und Henok bleibt für wahrscheinlich zwei Monate hier in Addis, um ein neu eingerichtetes Büro auszustatten und die Ankunft technischer Gerätschaften und einer technischen Einmaligkeit zu organisieren und zu überwachen: KDV 150, eine Anlage von ALPHAKAT. Diese Anlage hat das Potenzial, die weltweite Energieproblematik zu lösen auf eine genial einfache Art: der Erdölentstehungsprozess wird in dieser Anlage auf drei Minuten verkürzt. Aus jedem kohlen-wasserstoffhaltigen Material wie Plastikabfall, Pflanzen, jegliches organische Material kann anhand dieser Technologie hochwertiger Dieseltreibstoff und sogar Jet-Treibstoff gewonnen werden, – zu 23 Cent je Liter – und dieser Prozess ist CO_2-neutral, erzeugt keinerlei giftige Abfälle. Der Erfinder dieser Anlage, Dr. Christian Koch, ist ein Franke aus Buttenheim, ganz in der Nähe meiner Heimat. Er war die Hauptperson dieser Delegation. Am 2. Januar diesen Jahres 2011 habe ich erstmals von diesem Verfahren gehört. Henok berichtete mir Unglaubliches, ich war fassungslos, als ich erfuhr, dass diese Technologie in Deutschland abgelehnt wird. www.alphakat.de – jeder kann sich auf dieser Internetseite selbst ein Bild machen. Hunderte von Millionen hat man diesem Wissenschaftler für seine Patente geboten: Dr. Christian Koch hat abgelehnt, weil er weiß, dass dann seine Erfindung auf Eis gelegt wird. Die großen Konzerne dieser Welt wollen die Abhängigkeit. Anhand dieser Tatsache weiß ich jetzt mit Bestimmtheit, dass wir nicht von den Politikern regiert werden. Die Ablehnung dieser Technologie von den zuständigen Bundesministerien hat der Wissenschaftler schwarz auf weiß: mit Brief und Siegel eben. Politiker, die dies zu verantworten haben, handeln nicht im Sinne des Volkes. Für mich haben sie das Recht auf die deutsche Staatsbürgerschaft verloren, denn sie handeln wohl wissend gegen das Volk. Ich durfte diesen Mann persönlich kennen lernen und im Gespräch mit Dr. Christian Koch habe ich Tatsachen erfahren, die mich erschauern lassen. Meine Bewunderung und mein Respekt vor diesem großen Visionär und Wissenschaftler, den man mit seinem Wissen aus Deutschland vertrieben hat, sind nicht in Worte zu fassen. „Äthiopien hat diese Chance erkannt," stellt er mit Genugtuung fest, „wir können in einer Welt leben, in der wir Armut und Elend besiegen werden!" In seinen Augen strahlt der Geist eines Ehrenmannes, der den Nobelpreis verdient hätte. „Ich werde mich nicht kaufen lassen, mein Wissen wird der Menschheit dienen und mein Beitrag zu einem Aufbruch in eine neue, bessere Welt sein!" Worte aus dem Munde eines Mannes mit 70-jähriger Lebenserfahrung, die mich tief beeindruckt haben. Ich bin meinem Schicksal dankbar, diesen Visionär kennen gelernt zu haben.

Die Schätze dieser Reise, welche mir zuteil wurden, werden auch meine Zukunft beeinflussen, dessen bin ich mir bereits jetzt sicher. *Tämesgen* – ich danke Gott. Im Übrigen ist die oben genannte Technologie nicht die einzige Bahn brechende Erfindung dieses Mannes: eine neuartige ICR-Katalysator-Technologie, billigst herzustellen und Treibstoff sparend, allerdings als unwirksam dargestellt von bezahlten Gutachtern bei uns in Deutschland – dieses Teil wird nun auch mit Unterstützung der äthiopischen Regierung hier hergestellt und durch ein Programm in Kürze eingeführt werden, um die Emissionen in afrikanischen Städten erheblich zu senken. Wir degradieren uns selbst – das Volk der Dichter und Denker hat diesen Namen nicht mehr verdient. Unsere Volksvertreter tragen die Verantwortung dafür, dass die wahren Denker vertrieben werden und wir alle, unsere Gemeinschaft bezahlt auch noch die Gehälter und Pensionen dieser Verbrecher. Aus diesem Wissen werde ich für mich persönlich Konsequenzen ziehen und ich werde nicht ruhen, dies öffentlich bekannt zu machen.

„Ich werde dem Wohle des deutschen Volkes dienen, so wahr mir Gott helfe." Dies ist der Schwur, den unsere Politiker zu leisten haben. Diesen Schwur zu brechen, ist ein Verbrechen, das rechtlich verfolgt werden muss, ohne wenn und aber! Wenn nun hier in Äthiopien der Beweis erbracht wird, dass diese Erfindungen der Menschheit dienen, dann müssen die Verantwortlichen bei uns zur Rechenschaft gezogen werden und für ihre Verbrechen bestraft werden. Wenn dies nicht der Fall ist, dann verlieren wir unsere Rechtsstaatlichkeit, dann sind wir das Entwicklungsland, das Hilfe braucht.

Wir sind das Volk und wir fordern Gerechtigkeit

– so wahr uns Gott helfe!

Zwei Tage vor meiner geplanten Abreise am 3. Mai beschloss ich, noch weitere fünf Tage in Äthiopien zu bleiben, um den Süden des Landes kennen zu lernen. Henok organisierte die Umbuchung wiederum innerhalb kürzester Zeit, diese Mal allerdings mit Kosten verbunden, da es nun ja schon die dritte Verschiebung war.

Ein Land im Aufbruch

Ich sitze auf der Terrasse des „Dreamland-Hotel" in Debre Zeit am Lake Bishoftu, 50 km südlich der Hauptstadt Addis Abeba. Vor mir liegt ein Kratersee von circa 3 km Durchmesser. Steil fallen die Hänge rund um den See hinab ins Wasser. Eine paradiesische Umgebung: Vogelgezwitscher und leise, getragene Musik im Hintergrund versetzten mich beim Frühstück in Melancholie. Die letzten Tage haben mich sehr bewegt. Ich wusste, dass mich meine Reise beeinflussen wird, jedoch habe ich nicht geahnt, in welchem Ausmaß. Meine Reise in den Süden des Landes mit Henok, Nebiyu und Workeneh, führte uns auf erstaunlich guten Straßen 270 km nach Awassa, der Hauptstadt des Südens. Diese Distanz würde in Deutschland eine Fahrzeit von zwei bis drei Stunden bedeuten, nicht jedoch in Afrika. Die ersten hundert Kilometer sind geprägt von viel Schwerverkehr mit oft gewaltigen Qualmwolken aus den Auspuffrohren der teilweise historischen Lastkraftwagen. Nichts wird hier weggeworfen, alles wird irgendwie in Gang gehalten. Neben diesen alten Gerätschaften sind auch äußerst moderne und hochwertige Fahrzeuge unterwegs. Toyota beherrscht den Markt der Geländewagen, die hochwertigsten Autos sind meist diejenigen der Hilfsorganisationen der UN, oder von Botschaften und Unternehmen, die geschäftlich in Äthiopien unterwegs sind.

Die Fahrt dauerte sieben Stunden mit einigen Pausen, welche auch dringend nötig sind. Oft muss das Fahrzeug zum Stillstand gebracht werden, wenn gerade mal eine Kuh oder anderes Kleinvieh die Straße in gemächlicher Gangart überqueren. Die Fahrt erfordert hohe Konzentration, man muss für Andere mitdenken, wie Henok treffend bemerkte. In der Dunkelheit trafen wir in Awassa ein und unsere Delegation bezog ein Hotel mit geräumigen Zimmern und einem auf jeden Fall ausreichendem Komfort. Die Stadt ist der Sitz des

Präsidenten der Südstaaten Äthiopiens. An einem großen
See gelegen, ausgestattet mit breiten Straßen und großzügi-
ger Raumgebung für die einzelnen Bauten. Viel Grün ist in
der Stadt, *Badaj*-Fahrzeuge beherrschen das Straßenbild, ein
aus Indien importiertes Dreiradgefährt, das vom vorderen
Sitzplatz aus über einen Lenker bedient wird und hinten eine
komfortable Sitzbank hat, welche zwei Personen eine be-
queme Fahrt bietet. Diese wird natürlich oft von mehreren
Mitfahrern genutzt, wir sind ja schließlich in Afrika und alle
Möglichkeiten werden ausgeschöpft. Ein Birr, 4 Cent, kostet
1 km Fahrt tagsüber, des Nachts ist der Transport Verhand-
lungssache, aber immer noch günstig im Vergleich zu herkömmlichen Taxis. In einheitlichem blau-weiß sind
manchmal Scharen von *Badaj* auf den breiten Straßen zu
sehen. Nahezu kein Schwerverkehr verpestet die Luft. Hier
gibt es keine Industrieansiedlungen, die meisten Menschen
leben vom Ertrag ihrer landwirtschaftlichen Güter und von
kleiner Viehzucht.
Ein spärliches Leben.
H.I.M. – His Imperial Majesty – Haile Selassie plante diese
Stadt und legte sie großzügig an für sein Volk. Er hat viel
getan für die Entwicklung Äthiopiens und wird auch heute
noch von allen verehrt. Die Folgen einer langen Dürre für
sein Land erkannte er jedoch viel zu spät, was revolutionä-
ren Kräften den Umbruch ermöglichte und Äthiopien zunächst in eine tiefe Krise mit einem umbarmherzigen Krieg
führte. Man hat gelernt, was Krieg bedeutet, die Erfahrungen von Not und Elend sind bei allen tief verankert. „Wir
wollen nie mehr Krieg!" Diese Aussage höre ich sehr oft in
vielen Gesprächen mit Einheimischen. „Wir wollen Frieden
für unser Land!" Und dieses Land arbeitet für den Frieden,
arbeitet an einer Zukunft, die allen ein besseres Dasein er-
möglicht. Der erste ausländische Staatsgast in Deutschland
nach dem zweiten Weltkrieg war übrigens Kaiser Haile Se-

lassie. Er verteilte Decken und Hilfsgüter aus seinem Land an die Not leidende Bevölkerung in deutschen Städten. Eine Tatsache, welche vielen bei uns nicht bekannt ist und uns zum Nachdenken anregen sollte. Lübke und Adenauer sowie die deutsche Bevölkerung waren voller Dank für diese Hilfe, die bei uns in Vergessenheit geraten ist. Es ist ein stolzes Volk, voller Freundlichkeit und Hilfsbereitschaft. Als ich in meinem Hotel Wutma in Addis Abeba an der Theke des Restaurants um ein Telefongespräch mit Henok bat, kam sofort einer der Gäste freundlich auf mich zu und bot mir sein Mobiltelefon an. Eine Entlohnung lehnte er freundlich bestimmt ab.

Er war auch schon einige Male in Deutschland, wie sich im darauf folgenden Gespräch herausstellte und dort machte er die Erfahrung, dass es für ihn nicht so einfach war, um etwas zu bitten. Aber er respektierte unsere Kultur, und die Seine verpflichtet ihn zur Hilfe für Fremde und Gäste. Gastfreundschaft wird groß geschrieben, sie ist tief verwurzelt in der Kultur dieses Volkes. So manches Mal musste ich mich schämen dafür, wie bei uns mit Fremden und Gästen umgegangen wird. Nicht von allen, aber von vielen!

Unsere Delegation besuchte einige Projekte und man zeigte uns verschiedene Möglichkeiten der Entwicklung auf. „Dies alles soll unserem Land und unserer Bevölkerung eine bessere Zukunft erschließen," erläutert mir Nebiyu, der Chairman einer Vereinigung aller Kräfte und Firmen in Äthiopien, die an Wasserkraft und alternativen Energieformen arbeiten. Mit besten Kontakten in die höchsten Regierungskreise kann dieser Mann etwas bewirken. Alle, denen ich begegnet bin, sind enthusiastisch und voller Gewissheit, dass sie ihr Land in eine bessere Zukunft führen. „Geld ist ein Werkzeug, das wir zwar benutzen müssen, aber es ist nicht unser höchster Wert!" Dieser Grundsatz spricht mir aus der Seele.

Wir besuchen ein Ausbildungszentrum im Aufbau, ein Projekt, das unter der Leitung von Nebiyu alternative Energieformen publik machen soll. Auch hier sollen sämtliche Möglichkeiten der Entwicklung untersucht werden. Eine Werkstatt ist im Entstehen. Maschinen und einige Gerätschaften sind vorhanden und stammen fast alle aus der Ex-DDR. Ich stelle fest, dass diese Maschinen wie Drehbank, Standbohrmaschinen, Schleifböcke und Elektroschweißgerät zwar alt, aber mit geringem Aufwand instand zu setzen sind. Die Führungen der Drehbank sind mit einer dicken Staubschicht überzogen, aber in einwandfreiem Zustand. Keine Korrosion, Staub konserviert eben auch. Ein Schulungszentrum und Forschungszentrum für den Süden soll entstehen. Verschiedenste Verarbeitungsmöglichkeiten heimischer Rohstoffe, um Projekte dann in großem Stil zu realisieren. Arbeitsplätze zu schaffen in Forschung und Produktion, das ist das Ziel, das es zu verwirklichen gilt.

Es herrscht Aufbruchstimmung und das Know-How aus dem Ausland wird willkommen geheißen. Europa sollte aufwachen, viel zu spät kommt der Technologietransfer aus der westlichen Welt. China war da wesentlich geschickter, hat jetzt schon viele afrikanische Länder in wirtschaftliche Abhängigkeitssituationen durch geschaffene Monopole gebracht. Afrika ist ein Kontinent der Zukunft. Äthiopien, die kulturelle Perle Afrikas wehrt sich gegen Abhängigkeiten, jedoch muss aus wirtschaftlichen Gründen manches hingenommen werden, auch manches nicht beliebte Projekt, um der Schaffung von Arbeitsplätzen willen. Verständlich, aber unsere Gesellschaft sollte schnellstmöglich reagieren. Die jüngste Entwicklung in den arabischen Staaten hat die vermeintliche Sicherheit in diesen Ländern manchen industriellen Großunternehmen bitter vor Augen geführt. Äthiopien hat durch seine Geschichte gelernt, wir sollten dies erkennen und handeln.

Das nächste Projekt, das unsere Delegation besichtigt, ist ein Gelände von vier Hektar Größe und war zu sozialistischen Zeiten eine Honigproduktionsstätte. Nach dem Regierungswechsel waren einige Wirren und ein großer Wechsel von Verantwortlichkeiten zu verzeichnen. Das Projekt der Bienenzucht verfiel. Einige Bauten, die sich noch nicht im Verfallsstadium befinden, können mit relativ geringem Aufwand einer neuen Bestimmung zugeführt werden. Etwa fünf Kilometer von der Hauptstadt des Südens entfernt und mit einer vorhandenen Infrastruktur wie intakter Stromzuleitung und einer Pumpstation für das reichlich vorhandene Wasser im unteren Teil des Geländes ausgestattet, bieten sich vielseitige Entwicklungs- und Nutzungsmöglichkeiten. Wir besichtigen das Gelände und innerhalb kurzer Zeit ist eine Gruppe von etwa 20 Kindern und Jugendlichen mit uns unterwegs.

Ich sammelte nebenbei einige Federn von Weißkopfseeadlern und anderen, mir unbekannten Vogelarten. Freudestrahlend durchstreiften unsere Begleiter daraufhin das Gelände, um mir jede aufgefundene Feder zu überreichen. „Amesegenalehu," vielen Dank, und ich blickte in strahlende Gesichter. Sie konnten etwas für mich tun, waren stolz, mir diesen Dankesgruß zu entlocken. Als wir wieder zurück bei unserem Fahrzeug waren, war die Größe der Gruppe bestimmt schon auf 50 angewachsen. Interessiert beobachteten sie unser Tun, Nebiyu telefonierte eifrig und wir unterhielten uns in deutscher Sprache über Möglichkeiten und Chancen, welches dieses Gelände bietet. Die Nähe zum großen See von Awassa bietet die Sicherheit der Wasserversorgung und eine große Pumpe des Pumpenhauses sei technisch noch intakt, versicherte der zuständige Aufpasser des Geländes. Mit relativ geringem Aufwand wäre die vorhandene Infrastruktur nutzbar. Nun werden Möglichkeiten gesucht, diskutiert und Visionen entwickelt. Dieses Projekt würde

Arbeitsmöglichkeiten für viele umliegenden Familien bieten, wäre eine große Chance für Viele, ihre Lebenssituation erheblich zu verbessern. Als wir uns verabschiedeten, blickte ich in erwartungsvolle Gesichter, ich reichte vielen die Hand und grüßte sie mit *Dehna hun,* auf Wiedersehen. *Dehna huni* ist der Gruß des Abschiedes für Mädchen und Frauen. Ein herzliches Lächeln war der Dank von allen, die uns umgaben. Den Blick in diese meist jungen Gesichter kann und werde ich nicht vergessen.

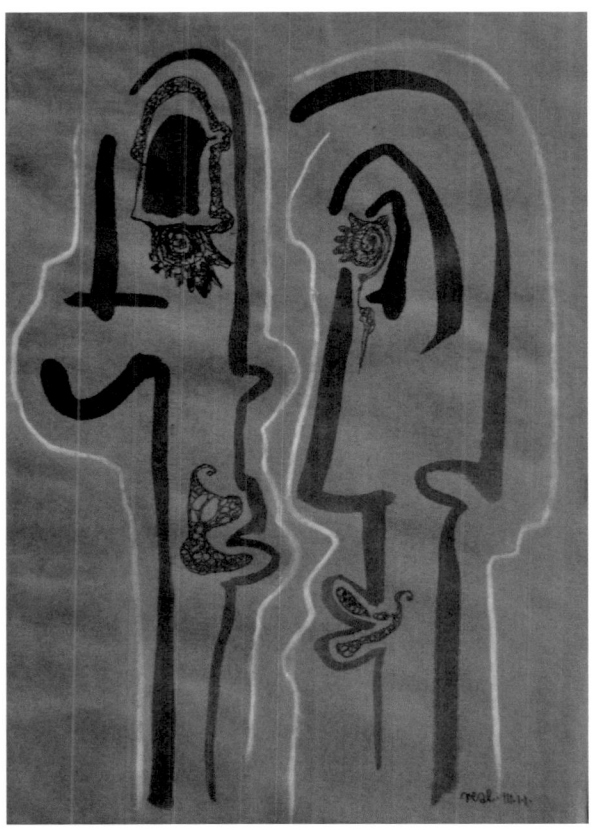

Me I come back!

Dies war der Tropfen, der das Fass zum Überlaufen gebracht hat, wie man bei uns zu sagen pflegt. Ich begriff in diesem Moment wie nie zuvor, was ich tun kann, um Menschen zu helfen. Dass ich einen Teil dazu beitragen kann, vielen Kindern und Familien zu helfen, in eine bessere Zukunft zu blicken. Als wir losfuhren, rannten viele aus der Gruppe noch lange winkend hinterher bis sie irgendwann in der großen Staubwolke verschwanden. Ich weinte still vor mich hin, meine Entscheidung war gefallen. Ich werde helfen, werde mein Wissen und meine Kraft einsetzen, um diesen Menschen eine Aussicht auf ein besseres Leben zu schenken. Lange Zeit war ich wortlos auf der Fahrt.
Henok begriff, was gerade in mir vorging. Ich reichte ihm meine Hand und sagte zum ihm: „Ich bin dabei! Ich werde wiederkommen, wenn Gott das so will, ich werde helfen, dass sich diese Menschen selbst helfen können!" Henok lächelte. Er wusste, dass ich mich so entscheiden würde.
Auf der Fahrt von Awassa zurück nach Addis Abeba stoppten wir in Shashemene, eine Region, in der viele Rastas wohnen. Dort ist der Anbau und Konsum von Marihuana geduldet, allerdings nur zum Eigengebrauch. Diese Tatsache basiert auf einem interessanten, geschichtlichen Ereignis: Als Kaiser Haile Selassie Jamaica besuchte, war dieses Land gerade heimgesucht von einer langen Dürre. Das Flugzeug von H.I.M. setzte auf der Rollbahn auf und es begann, in Strömen zu regnen. Die Rastas verehrten daraufhin Kaiser Haile Selassie als einen göttlichen Gesandten. Er war daraufhin so beeindruckt und von der Friedlichkeit dieser Rastas überzeugt, dass er ihnen anbot, wer nach Äthiopien kommen wollte, der dürfe dies gerne tun. Er schenkte jedem ein Stück Land, das sie eben auch zum Marihuana Anbau nutzen dürfen. Bis heute gilt diese Vereinbarung. Wir waren bei einem Rasta-Künstler, der aus Bananenblättern Bilder

zaubert. Ich war fasziniert, die vielen Farbnuancen und Muster von Bananenpflanzen und deren Blättern hatte ich so noch nie gesehen. Zeitungsberichte aus vielen Ländern prangten an einer Wand und international bekannte Persönlichkeiten haben seine Bilder erstanden. Eine sehr interessante Collagetechnik mit herkömmlichem Holzleim, die ich mir gerne zeigen ließ. Ich schrieb meine Begeisterung nieder im ausgelegten Gästebuch.

Der Künstler selbst war leider nicht da, gerne hätte ich diesen Mann persönlich kennen gelernt. Aber was nicht ist, kann ja noch werden. Als wir bei seinem Haus eintrafen, war das Tor verschlossen. Ein junger Mann eilte sogleich herbei und erklärte uns, dass er jemanden holen würde, der uns Einlass gewährt.

„Me, I come back," sagte er uns in englischer Sprache, schwang sich auf sein Fahrrad und kehrte nach kurzer Zeit mit dem Bruder des Künstlers zurück. Wir alle mussten lachen über diesen Satz:

„Me, I come back." Oft haben wir diese Worte belustigt wiederholt. Ich schrieb sie mir auf und es wird der Titel eines Liedes für Äthiopien werden, so wie mein Programm: Me I come back! Unsere Fahrt führte uns dann in eine Ferienanlage mit Restaurant am „Goldenen Wasser" – ein riesiger lehmigfarbener See, dessen Wasser vom Vulkangestein gefärbt ist. Es sind keinerlei Schwebstoffe, die dessen Farbe verursachen, nichts setzt sich ab, wenn das Wasser auch längere Zeit in einer Flasche aufbewahrt wird. Ich watete am Strand umher und stellte fest, dass sich dieses Wasser angenehm weich anfühlt, so als hätte man Seife an Händen und Füßen. Äthiopien birgt unglaubliche Schätze und Einmaligkeiten. Hier ist ein Platz, an dem man sich in paradiesischer Ruhe erholen kann, bunte Vögel und blühende Pflanzen verstärken noch diesen Eindruck. Nach dieser eindrucksvollen Rast hatten wir noch 200 km Fahrt vor uns und wir machten uns wieder auf den Weg. Ständig hupend, um entweder Tiere von der Fahrbahn zu vertreiben oder Menschen aufmerksam zu machen. Die Hupe ist das mit Abstand wichtigste Teil an einem Fahrzeug in Afrika. Es ist auch polizeilich empfohlen, lieber einmal mehr zu hupen als zu wenig. Wir machen noch einmal Rast in der Stadt der Fahrer – wie mir Henok erklärte. Hier kannst du dein Fahrzeug sogar unverschlossen am Straßenrand stehen lassen. Diese Stadt lebt von dem Verkehr, der in beide Richtungen rollt. Von und nach Addis Abeba. So mancher LKW-Fahrer hat hier eine Freundin, billige Übernachtungsmöglichkeiten und reichliche Verpflegung sind die Lebensgrundlage dieses Ortes. Wir nehmen reichlich Enjera zu uns und setzen unsere Fahrt nach Addis fort. In der Dunkelheit treffen wir dort ein und erst jetzt wird mir der Unterschied von der Hauptstadt des Südens zur Landeshauptstadt klar. Awassa ist eine wahrlich angenehmere Stadt als Addis. Hier ist sehr viel Schwerverkehr unterwegs, meist dicke Rauchschwaden hinter sich herziehend. Es ist ratsam, die Fenster geschlossen zu halten, da sich manche Auspuffrohre der teils abenteuerlichen Lastkraftwagen genau in Sitzhöhe eines herkömmlichen PKW's befinden. Die Vier-Millionen-Stadt ist umgeben von einem Gebirge und hat eine Ausdehnung von 52 km2, wie mir Nebiyu erläutert, kurz bevor wir uns bei seinem Zuhause voneinander verabschieden.

Meine letzten Tage in Äthiopien sind geprägt vom festen Willen, wieder zurück zu kommen, so bald es mir möglich ist. Der letzte Abend war ein rauschendes Abschiedsfest. Wir haben alle unglaublich viel gelacht. Mitten in der Nacht packte ich meine Sachen zusammen, wobei ich zehn Kilogramm Gepäck schon einmal in Addis Abeba bei Henok ließ: Meinen Gitarrenverstärker, Zeichenblöcke, Sandalen, meine Reiseapotheke und manches, was ich erst bei meiner

Rückkehr wieder gebrauchen kann. In dieser letzten Nacht konnte ich kein Auge zu tun. So erwartete ich den Morgen und Henok holte mich morgens um halb acht am Hotel ab. Meine letzten Birr teilte ich unter den Wächtern aus und erstand mir noch einen Liter Wasser für den Heimweg. Am Flugplatz übte ich dann noch fleißig meinen um einige Worte angewachsenen *Amharisch*-Wortschatz und erntete von allen das Lächeln Äthiopiens. Me I come back – dieser Satz wird mein Programm. Mit einem Dank an Afrika besteige ich am Muttertag das Flugzeug. Meine Gitarre wird wiederum vom Flugpersonal sorgfältig verstaut. Meine Sitznachbarin ist eine korpulente Amerikanerin, die den Sitzplatz völlig ausfüllt. Wir bescheren uns einen kurzweiligen Flug und lachen sehr viel miteinander. Eine Psychologin, wie sich bei unserem Gespräch herausstellt. Aber eine unglaublich lustige. Sieben Stunden und 30 Minuten dauerte der ruhige Flug mit meist guter Sicht über Griechenland und am italienischen Stiefel entlang bis über die Alpen. Dann über meine fränkische Heimat in die Metropole Frankfurt. Ein letztes Mal durfte ich mich auf *Amharisch* beim Flugpersonal verabschieden. Nach drei Monaten und acht Tagen war ich wieder in meinem Heimatland in Deutschland angekommen.

Das Land der traurigen Gesichter

Das erste, was mir aufgefallen ist, waren die traurigen Gesichter. Leider muss ich es so nennen: Das Land der traurigen Gesichter. Für meine Zugfahrkarte musste ich den Kampf mit der Neuzeit, sprich mit einem Fahrkartenautomaten aufnehmen, der meine Rail-and-Fly-Pincard-number nicht akzeptierte. Ich tat dann so wie Henok mir angeraten hatte und zeigte dem Schaffner meine Flugunterlagen. Bepackt wie ich war und müde, war es wohl kaum zu übersehen, dass ich eine lange Reise hinter mir hatte. Die ostdeutsche Bahnangestellte hatte Verständnis für meine Situation und meinte, ich sei nicht der erste, der den Kampf gegen den Automaten verloren hat. Das erste Hefeweißbier im Bordbistro des ICE mundete hervorragend, passend dazu ein Paar Frankfurter Würstchen und ich war wieder in der Realität des deutschen Preis-Niveaus angekommen. Meine Gepäckumladeaktion am Bahnhof in Würzburg war ein etwas größerer Aufwand als bei der Hinreise. Da musste ich nur über den Bahnsteig und in den wartenden ICE einsteigen. Dieses Mal hieß es rauf und runter und insgesamt 61 Kilo Gepäck unter vielen Gleisen hindurch in die Regionalbahn nach Bamberg zu verfrachten. Auch dieser Schaffner machte mir keine Schwierigkeiten wegen meiner fehlenden Fahrkarte. So kam ich kurz vor 23 Uhr in der Nacht in Zeil am Main an. Reinhold und Marion erwarteten mich am Bahnsteig, nach einer freudigen Begrüßung halfen sie mir und staunten über die mitgeführte Masse des Gepäcks. Ein kühles Göller-Pils hielten sie ebenso zum Empfang bereit und Marion hatte mir sogar noch zwei Bratwürste im Brötchen mitgebracht. Nachdem mein Gepäck noch in den vierten Stock transportiert war, saßen wir noch eine Weile beisammen und meine ersten frischen Eindrücke von Afrika fanden interessiert lauschende Zuhörer. Müde, aber immer noch richtig aufgedreht von der Reise kam ich auch in dieser Nacht nicht zur

Ruhe. Ich packte noch alles aus und freute mich an den Dingen, die ich zum letzten Mal noch in Sansibar gesehen hatte.

Am Morgen, als die Sonne aufgegangen war, hielt es mich dann nicht mehr auf den Beinen und ich fiel in einen tiefen Schlaf, der bis zum Nachmittag andauerte. Ein kurzer Rundruf bei meinen Geschwistern und bei meinen Freunden und am Abend war eine Wiedersehens Feier angesagt bei Harald und Marlene in der Datscha – ihrem kleinen, romantischen Gartenhäuschen in der Au in Zeil. Wie ich in Äthiopien verabschiedet wurde, so wurde ich von meinen Freunden in der Heimat in Empfang genommen. Es war eine spontane, herzliche und rundum schöne Feier, ganz ohne „die traurigen Gesichter."

Dies zeigte mir: es geht auch anders – selbst bei uns.

Ich bin stolz darauf, so viele Freunde zu haben, die einfach anders sind. Wir feierten und lachten bis in den Morgen, alte Geschichten wurden aufgefrischt und neue kamen hinzu.

Es tat uns allen richtig gut.

In dieser Freundschaft werden wir uns niemals verlieren, auch wenn ich zukünftig mehr Zeit in Afrika verbringen werde.

Wahre Freundschaft kennt keine Entfernung,

wahre Freundschaft ist eine Liebe, die im Herzen lebt.

Auch das ist meine Heimat,

auf die ich stolz bin.